TAX PROVISIONS

「むずかしい税法条文」攻略本

法人版事業承継税制編

税理士 税理士 税理士
内藤忠大・白井一馬・村木慎吾

税理士・公認会計士 税理士
濱田康宏・岡野　訓

【著】

中央経済社

は じ め に

　税法は法律ではありますが，他の法律と違う特徴があります。そのうちの1つが，税額算出のための計算規定が条文数の多くを占めているということです。その計算規定は，文章で書かれているものを算式に表すということの難しさを除けば，加減乗除によるものがほとんどで，一般的な法律の解釈とは一線を画すものです。

　また，その計算も別表や計算書，付表が用意されており，また，これらの帳票間の数値のやりとりも連動するようなソフトウェアを使って申告書を作成している場合がほとんどであり，手書きで作成している税理士はほぼいないでしょう。つまり，税法の多くを構成している計算規定による処理をコンピュータが行っているので，計算を規定している条文を読まずに申告書の作成ができてしまうのです。

　このようなことからすれば，税法条文を読みこなす能力の必要性を否定する意見が多くなっても仕方がないと思うこともありますし，実際に税法条文を見ずに税実務をこなしている税理士もいるようです。

　しかし，税務調査においては税法条文の解釈が論点となることがあるので，税法条文を読む能力は必要です。その税務調査以上に税法条文を読む能力が必要とされる場面があります。それは税務相談の場面です。

　税務調査は，納税者の日々の取引を基礎とした税務申告に対して行われますが，これらの取引は税理士のところに結果として報告されます。ですから，税法解釈により出される結論は，通常「Yes or No」の二者択一です。それに対

し，税務相談はこれから行う取引について税務上の取扱いを回答するものです。つまり，二者択一の回答ではなく，条件付きの回答をすることがあり，複雑な回答を用意しなければならないことが多くなります。

　例えば，法人版事業承継税制の贈与税の特例制度の適用に係る相談があった場合には，贈与者の要件，受贈者の要件，会社の要件，贈与後の課税関係など，多くの要件や課税関係を確認して回答する必要が出てきます。

　これらの確認を怠ると，落とし穴があっても気がつきません。相談内容を条文に落とし込んで適用要件を満たすかどうかを検討し，また，適用要件を満たしていなければ，どのようにすれば満たすようにできるのかのアドバイスをすることになりますが，正しく条文解釈ができなければアドバイスもできないでしょう。

　ところで，本書は『「むずかしい税法条文」攻略本』を受け，法人版事業承継税制（特例制度）を使った実践編との位置付けとして，『税務弘報』に連載（2018年10月号〜2019年9月号）したものを取りまとめ，加筆修正したものです。連載当初は個人版事業承継税制がなかったため，本書内の事業承継税制は法人版事業承継税制のことを指しているという点にご留意ください。

　本書は条文の読み方の基本を扱っているものではなく，また，法人版事業承継税制の特例制度の全てを扱っているわけではありません。このことから，中途半端な位置付けとの指摘を受けるかもしれません。しかし，だからこそ法人版事業承継税制の特例制度の基本的な事項を条文で確認できる都合のよい書籍ともいえます。

　本書が法人版事業承継税制の適用に係る相談があった場合の条文解釈の手助けとなることはもちろん，本書を基に条文の読み方の勉強に活かしていただけ

ることを祈念いたします。

　最後になりますが，本書の出版にあたっては，『税務弘報』の編集に携わられている秋山宗一氏と川上哲也氏に助言をいただき深く感謝申し上げます。

2020 年 7 月

著者を代表して

内 藤 忠 大

CONTENTS

「むずかしい税法条文」攻略本
法人版事業承継税制編

序章／事業承継税制の特例制度条文

内藤） もともとは，事業承継税制の特例制度を題材に条文の読み方を勉強しようというのが，『税務弘報』の連載の趣旨でしたね。

濱田） そのような趣旨でスタートしたのですが，やってみるとなかなか条文の読み方といえるかどうかの疑問が生じてきました。
　というのも，法律用語などを中心に扱えば，理解しやすい条文を税法全体の中から探せるのですが，今回は事業承継税制の特例制度，しかも贈与税を扱うということなので，扱いやすい条文がなかったり，あったりしても制度の中で扱うほどではないということがありました。

村木） そこで，発想を転換して，事業承継税制の特例制度の条文を読みつつ，制度そのものも理解してしまおうという欲張った内容にしたのですね。

岡野） その結果，今までの条文の読み方といわれる書籍とは違い，事業承継税制の特例制度の解説としても読める内容となりました。

白井） ただ，制度の全てを網羅しているわけではありませんので，制度解説とはおこがましくて口が裂けても言えませんが。

内藤） 事業承継税制関連の法令を全て収録すれば，本書1冊より厚くなりますので，全部の解説なんてとてもできません。

濱田） では，本書は，どのような方を読者として想定しているのでしょうか。

村木） まずは，やはり条文の読み方を勉強したい方です。ただ，見て学ぶというより，一緒に条文を引きながら，条文の読み方を実践してみたいという人ですね。

岡野） 条文の読み方を学ぶ最善の方法は，当たり前のことですが，何度も何度も，実際の条文に繰り返し当たることですからね。

白井） 条文の読み方は，非常にむずかしいのですが，それを痛感するのが税制改正法案です。なぜむずかしいかというと，条文を理解するための資料が少ないからです。

内藤） 税制改正法案は，その成立後，税務雑誌などに解説が掲載され，例年7月頃には財務省ホームページに「税制改正の解説」が公開されます。これらを読めば，制度の詳細まで理解できます。

　しかし，法案段階ではこれらのような情報は一切なく，あるのは税制改正大綱とそれに関する各省庁の資料です。これらの資料には制度の大枠が書かれているものの，その性格から細かいところは省略されています。だから，条文を読み解かざるを得ない部分が必ず出てきます。

濱田） 実際，読み解こうとしても，条文が想定している場面がわからないことが多々あります。なぜこのような用語を使っているのか，ここでいう場合というのはどのような場合を考えているのか，などです。

村木） それがわかれば条文解釈の第一人者なのですが，残念ながら，改正法には毎年そのような箇所がたくさんあります。

　そして，解説を読み，そういうことかと納得することの繰り返しです。

　ただ，そのような経験をするたびに，条文を読むために自分に欠けているものが何かということがわかるようになります。

白井）逆にいえば最近は使える情報があふれて、条文から読み取らなくても税の実務が行えることが増えていると思います。また、計算方法については、申告書やその別表などに従えば、あえて条文から読み取る必要もないといっても過言ではありません。

　申告をする場面においては、条文と疎遠になってもいいとはいえませんが、現実として税法を知らない人でも申告書を完成できてしまいます。

岡野）では、どのような場面で条文を読む能力が必要となるのかといえば、それは、相談の場面です。取引の結果があれば、それに応じた具体的な回答は可能ですが、これから取引をしようとする人からの相談は、たらればの話ですから、場合分けの回答をしなければなりません。

内藤）野球で譬えてみます。「ノーアウトランナー１塁で３塁側に上手な送りバントをしてきました。このボールを捕った３塁手はどうすべきでしょうか。」という質問に対しては、１塁ベースにいる野手に送球してアウトカウントを増やすというのが答えです。

　しかし、「ノーアウトランナー１塁でどのような守備体系を取ったらいいでしょうか。」との質問に対しては、点差、イニング、バッターの特徴、後続のバッターの能力、ピッチャーの持ち球やコントロール、対戦チームの特徴などによって、複数の選択肢が生まれてきます。

濱田）私は野球に明るくなく、理解が足りないかもしれませんが、要はきちんと場合分けをして、答えを出さなければならないのですね。

村木）そうなります。実務では、いろんな場面をその都度場合分けしつつ考えていくわけで、そこで頼りになるのは、結局のところ、条文になるわけです。

岡野）多分こうだろうと思っていても、やはり、大事なところは条文を確認し

ます。もしかして条文の理解不足があったり，当てはめ間違いをしていないかという怖さもありますし，前例がない事案で何を基礎に考えるかといえば，それは条文しかないわけですから。

白井）近年改正の多い小規模宅地特例関係の条文などは，特にそう思います。以前の考え方と大きく制度が変わってきていると，条文もその都度確認し直さないと，自分の思い込みによる勝手な解釈を排除できません。

内藤）小規模宅地特例では，平成30年度税制改正で，過去に持ち家のある場合は家なき子特例が使えなくなったと一般には理解されています。しかし，実際には，規制されているのは，国内の持ち家だけで，海外の持ち家を持っていたことまでが規制されているわけではありません。

村木）条文の想定している制度趣旨を考えて，典型的な事例を理解することは大事ですが，それだけではなく，条文の射程距離を正しく理解するためにも，事案が出てきたらその都度，条文を確認するしかない，ということなのでしょうね。

内藤）税法条文を読めるようになることは，税実務に携わるものとして，最低限身につけたいことです。この本が皆さんの条文理解のお手伝いに少しでも貢献できることを，著者一同願っています。

第1章

税制と円滑化法との関係

《扱う主な条文》

租税特別措置法 70 条の 7 の 5 第 1 項・第 2 項

租税特別措置法施行規則 23 条の 12 の 2 第 6 項

円滑化法 12 条

円滑化法施行規則 6 条

制度の全体像を意識しよう

いくら条文が大事だといっても，予備知識を持たずして条文を読むということは，地図を持たずに旅をするのと同じことです。それが全く無駄なこととはいいませんが，効率を高めるためには，事前準備が大事です。条文を読む上での事前準備は，読もうとする条文に関する制度を知っておくことです。

1　事業承継税制に関する条文を読むにあたって

内藤） 平成30年度税制改正において事業承継税制の特例制度が創設されました。これらの制度を理解するために条文を読み込もうと思うのですが，何かアドバイスをいただけますか。

岡野） 条文を中心に理解をしようとする心意気には敬服しますが，『「むずかしい税法条文」攻略本』（中央経済社）でも示しましたとおり，条文を読む前に事業承継税制の全体像を理解し，概要を把握しておくべきですね。その上で，条文で各項目を確認していくのがいいでしょう。

　措置法70条の7から70条の7の8までが事業承継税制の条文で，その中でも多いものにあっては42項までありますし，さらにそれぞれ政令，省令がありますから，条文から入るのは無茶です。

白井） 改正後の事業承継税制を解説した書籍は数多く出ているので，一般的な事例であればわざわざ条文を見なくても何とかなるかもしれません。しかし，実際適用しようとすると，一般的な事例に当てはまらない問題が出てくるものです。このようなときは，条文に当たり，さらに解釈が必要になります。

村木） そのようなときに対処できるよう，まず事業承継税制の適用に関係する条文の全体像を中心に見ていきます。

内藤） ひと通り事業承継税制の理解ができたとして，実際に条文を読み込む作業は，どこから行っていったらいいのでしょうか。例えば，今顧問先で使うとしたら特例制度なので，措置法70条の7の5と70条の7の6から始めてもいいのですか。

濱田）ご存じのように，特例制度は従来の制度である一般制度をベースに構築され，規定も準用をしているものも多いので，特例制度を読んでいても一般制度に戻らざるを得ないことが多いです。なので，時間的余裕があれば一般制度の70条の7から始めるのがいいでしょうね。

岡野）事業承継税制の骨格は，贈与税と相続税は同じといっていいですし，**図表1**を見ればわかるのですが，これらの特例制度と一般制度もほぼ同じです。つまり，70条の7がわかれば，他もスムーズに理解していくことができるでしょうね。

白井）ただ，このシリーズでは無謀にも，贈与税の特例制度の70条の7の5から入ってみます。

【図表1】 事業承継税制に関する条文の全体像

	一般制度	特例制度
贈与税の納税猶予・免除	70条の7	70条の7の5
相続税の納税猶予・免除	70条の7の2	70条の7の6
贈与者が死亡した場合の相続税の課税の特例	70条の7の3	70条の7の7
贈与者が死亡した場合の相続税の納税猶予・免除	70条の7の4	70条の7の8

内藤）では，早速70条の7の5第1項を見ていきましょう。

租税特別措置法
（非上場株式等についての贈与税の納税猶予及び免除の特例）
第70条の7の5　第1項本文
　特例認定贈与承継会社 の非上場株式等（…）を有していた個人として政令で定める者（…以下この条，第70条の7の7及び第70条の7の8において「特

例贈与者」という。）が特例経営承継受贈者に当該特例認定贈与承継会社の非
上場株式等の贈与（**平成30年1月1日から令和9年12月31日までの間の最初
のこの項の規定の適用に係る贈与…に限る。**）をした場合において，…。

　事業承継税制は，一定の会社の株式を贈与や相続により取得した場合の贈与
税や相続税の納税を猶予するものですから，贈与や相続に係る株式の発行法人
である会社が一定の要件を満たすことが必要ですね。

白井）その要件を満たしている会社を「特例認定贈与承継会社」というのです
が，こちらの意義は2項1号に規定されています。

租税特別措置法
第70条の7の5　第2項
一　┌特例認定贈与承継会社┐　中小企業における経営の承継の円滑化に関する
　　法律第2条に規定する中小企業者のうち┌特例円滑化法認定┐を受けた会社
　　（…）で，前項の規定の適用に係る贈与の時において，次に掲げる要件の全
　　てを満たすものをいう。

村木）特例認定贈与承継会社としての1つ目の要件が，中小企業における経営
の承継の円滑化に関する法律2条に規定する中小企業者であることです。2つ
目の要件が，その中小企業者が特例円滑化法認定を受けた会社であることです。
　この「中小企業における経営の承継の円滑化に関する法律」というのがよく
出てきますが，法律名が長いので，これから「円滑化法」といっていきます。

濱田）1つ目の中小企業者の範囲をまとめたものが**図表2**です。その会社の主
たる事業の業種に応じ，資本金の額又は従業員の数がそれぞれの金額・人数以
下である会社をいいます。

【図表2】 中小企業者の範囲（円滑化法2，円滑化法令1）

	主たる事業の業種	資本金の額	従業員の数
①	製造業，建設業，運輸業その他の業種（下記に掲げる業種を除く。）	3億円	300人
②	卸売業（⑤の業種を除く。）	1億円	100人
③	サービス業（⑤の業種を除く。）	5,000万円	100人
④	小売業（⑤の業種を除く。）	5,000万円	50人
⑤	ゴム製品製造業（自動車又は航空機用タイヤ及びチューブ製造業並びに工業用ベルト製造業を除く。）	3億円	900人
	ソフトウェア業又は情報処理サービス業	3億円	300人
	旅館業	5,000万円	200人

岡野） 2つ目の要件の制度適用上の大前提となる「特例円滑化法認定」については，次のように定義が置かれています。

租税特別措置法

第70条の7の5　第2項

二　 特例円滑化法認定 　中小企業における経営の承継の円滑化に関する法律第12条第1項（同項第1号に係るものとして 財務省令で定めるもの に限る。）の経済産業大臣（同法第16条の規定に基づく政令の規定により都道府県知事が行うこととされている場合にあつては，当該都道府県知事）の認定をいう。

租税特別措置法施行規則

（非上場株式等についての贈与税の納税猶予及び免除の特例）

第23条の12の2

6　 法第70条の7の5第2項第2号に規定する財務省令で定めるもの は， 中

> 小企業における経営の承継の円滑化に関する法律第12条第１項の認定 （**円滑化省令第６条第１項第11号又は第13号の事由に係るものに限る。**）とする。

このように，事業承継税制は，会社が円滑化法に基づく認定を受けていることを前提に制度設計されています。

白井）措置法70条の７の５の最初に出てくる「特例認定贈与承継会社」の定義を調べるだけでも，措置法だけでなく円滑化法，同法施行令及び同法施行規則もしっかりと理解する必要があるのです（**図表３**参照）。

【図表３】円滑化法と措置法との関係のイメージ

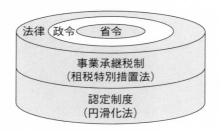

内藤）てっきり，措置法の要件だけ勉強すれば事業承継税制はマスターできると思っていたのですが，それではダメなのですね。

2　円滑化法の構成を確認する

岡野） では，事業承継税制のベースとなる円滑化法を見ていきます。この法律は，「中小企業者が必要とする資金の供給の円滑化等の支援措置を講ずることにより，中小企業における経営の承継の円滑化を図り，もって中小企業の事業活動の継続に資することを目的とする」（第1条）としています。

白井） 経営の承継のために株式の贈与を受けたり株式の相続をしたりすれば贈与税や相続税を納める必要があるが，その納税資金を手当てすることが事業の承継の妨げになることがある。その妨げを取り除くための支援措置が円滑化法の認定を基礎とする納税猶予制度だということです。

村木） **図表4**を見てください。こちらが，円滑化法のうち納税猶予制度に関係する条文とその見出しです。特例円滑化法認定は，円滑化法12条と円滑化法施行規則6条，7条が関係してきます。

【図表4】円滑化法における納税猶予制度に関係する条文

法　律	政　令	省　令
第1条　目的 第2条　定義 （略） 第12条　経済産業大臣の認定 （略）	第1条　中小企業者の範囲 第2条　都道府県が処理する事務	第1条　定義 （略） 第6条　法第12条第1項の経済産業省令で定める事由 第7条　認定の申請 第8条　認定の有効期限 第9条　認定の取消し 第10条　合併があった場合の認定の承継

第15条　指導及び 　　　　助言 第16条　都道府県 　　　　が処理す 　　　　る事務		第11条　株式交換等があった 　　　　場合の認定の承継 第12条　報　告 第13条　第一種経営承継贈与 　　　　者等の相続が開始し 　　　　た場合の都道府県知 　　　　事の確認 第13条の2　災害等により被 　　　　　　害を受けた中小 　　　　　　企業者に対する 　　　　　　都道府県知事の 　　　　　　確認 第13条の3　都道府県知事の 　　　　　　認定の特例等 第13条の4　合併又は株式交 　　　　　　換等があった場 　　　　　　合における常時 　　　　　　使用する従業員 　　　　　　の数及び売上金 　　　　　　額 （略） 第16条　法第15条の経済産業 　　　　省令で定める要件 第17条　指導及び助言に係る 　　　　都道府県知事の確認 第18条　変更の確認 第19条　確認の取消し等 第20条　特例承継計画に係る 　　　　報告
第17条　権限の委 　　　　任		第21条　提出期限後の申請又 　　　　は報告

濱田）条文を確認すると次のようになっていますね。

円滑化法

（経済産業大臣の認定）

第12条　次の各号に掲げる者は，当該各号に該当することについて，経済産業大臣の認定を受けることができる。

一　会社である中小企業者（…）　次のイ又はロのいずれかに該当すること

　　イ　当該中小企業者における代表者の死亡等に起因する経営の承継に伴い，死亡したその代表者（**代表者であった者を含む。**）又は退任したその代表者の資産のうち当該中小企業者の事業の実施に不可欠なものを取得するために多額の費用を要することその他経済産業省令で定める事由が生じているため，当該中小企業者の事業活動の継続に支障が生じていると認められること。

円滑化法施行規則

（法第12条第１項の経済産業省令で定める事由）

第６条　法第12条第１項第１号イの経済産業省令で定める事由は，中小企業者の代表者（**代表者であった者を含む。**）の死亡又は退任に起因する経営の承継に伴い生じる事由であって，次に掲げるものとする。

（中略）

十一　当該中小企業者が次に掲げるいずれにも該当する場合であって，当該中小企業者の代表者（**当該代表者に係る贈与者からの贈与の時以後において，代表者である者に限る。以下この号において同じ。**）が贈与により取得した当該中小企業者の株式等に係る贈与税を納付することが見込まれること。

（中略）

十三　当該中小企業者が次に掲げるいずれにも該当する場合であって，当該中小企業者の代表者（**当該代表者に係る贈与者からの贈与の時以後において，代表者である者に限る。以下この号において同じ。**）が贈与（**当該贈与に係る贈与税申告期限が，当該中小企業者に係る法第12条第１項の認定** *（第11号又は前号の事由に係るものに限る。）* の有効期限までに到来するものに

　　限る。）により取得した当該中小企業者の株式等に係る贈与税を納付する
　　ことが見込まれること。

　円滑化法で認定の枠組みを作り，規則で具体的な要件を定めているわけです。
会社が円滑化法認定を受けるための要件が規則6条に事細かに定められていま
す。

内藤）規則6条を見ると，贈与に関する認定が7号，9号，11号，13号と4
つあります。7号と9号が一般制度の認定，11号と13号が特例制度の認定な
のですが，それぞれの制度でなぜ2つの認定が用意されているのでしょうか。

白井）9号と13号は平成30年度税制改正で先代経営者以外の者からの株式の
贈与についても納税猶予制度の対象となった関係で設けられたものです。
　つまり，7号と11号が先代経営者から後継者への贈与に係るもの（第一種），
9号と13号が先代経営者以外から後継者への贈与に係るもの（第二種）です。
贈与者が先代経営者かそうでないかにより認定の種類が異なることとなり，特
例制度でいえば円滑化法施行規則における用語も**図表5**のとおり使い分けられ
ています（**図表6**参照）。

【図表5】 特例制度の第一種と第二種の用語の使い分け

対　象	先代経営者→後継者 （第一種）	先代経営者以外→後継者 （第二種）
贈与者 （先代経営者）	第一種特例経営承継贈与者 （円滑化法規則1⑫三イ）	第二種特例経営承継贈与者 （円滑化法規則6①十三ハ(3)）
受贈者 （後継者）	第一種特例経営承継受贈者 （円滑化法規則6①十一ト）	第二種特例経営承継受贈者 （円滑化法規則6①十三ト）
特例の対象と なる贈与	第一種特例経営承継贈与 （円滑化法規則6①十三ヌ）	第二種特例経営承継贈与 （定義はされていない）

【図表6】 贈与者と第一種・第二種の関係

内藤）11号と13号は，13号の2つ目のカッコ書きの「当該贈与に係る贈与税申告期限が，当該中小企業者に係る法第12条第1項の認定（第11号又は前号の事由に係るものに限る。）の有効期限までに到来するものに限る。」以外は同じ文言なのですが，このカッコ書きで贈与者が先代経営者であるか，そうでないかの違いを読み解くのですか。

村木）いいえ。ただ，ここからだけだとわかりにくいかもしれません。しかし，11号の認定に係る贈与者要件として同族株主グループ50％超要件とグループ内筆頭株主要件があります（円滑化法規則6①十イ—ト(7)）が，13号にはありません。

円滑化法施行規則
第6条第1項第11号ト

(7)　当該中小企業者の株式等の贈与者（**当該贈与の時前において，当該中小企業者の代表者であった者に限る。(8)において同じ。**）が，当該贈与の直前（**当該贈与者が当該贈与の直前において当該中小企業者の代表者でない場合には，当該贈与者が当該代表者であった期間内のいずれかの時及び当該贈与の直前**）において，当該贈与者に係る同族関係者と合わせて当該中小企業者の総株主等議決権数の100分の50を超える議決権の数を有し，かつ，当該贈与者が有する当該株式等に係る議決権の数がいずれの当該同族

　　　関係者（**当該中小企業者の第一種特例経営承継受贈者となる者を除く。**）
　　　が有していた当該株式等に係る議決権の数も下回らなかった者であること。

岡野）同族株主グループ50％超要件とは，贈与者である先代経営者の属する
同族株主グループの議決権割合が50％超であること，グループ内筆頭株主要
件とは，贈与者である先代経営者の議決権がその同族株主グループ内の後継者
を除く他の株主の中の筆頭株主であることですね。

濱田）なるほど。13号認定にはこの2つの要件がないので，先代経営者以外
の贈与者からの贈与も認定の対象となり，この場合は第二種ということになる
のですね。

第2章

認定申請

《扱う主な条文》

円滑化法施行規則6条3項・9項, 7条6項, 17条,
18条5項

条文を読みやすくしよう

　文章が長く, カッコ書きが多く, そしてそのカッコ書きが入り組んでいる条文は
非常に読みにくいものです。しかし, パソコンを使い, 文章を加工することによっ
て読みやすくすることが可能です。

　本書では, カッコ書きの字体を変えるなどの加工をしていますが, カッコ書きを
抜き出してしまうという方法もあります。好きなスタイルで読みやすくする工夫を
してみましょう。

1 条文を読みやすくする工夫

内藤）この章では，第1章の続きとして，贈与税の納税猶予の特例制度に係る11号認定の申請手続を扱います。

村木）この章のテーマに入る前に，カッコが入り組んでいる条文や，カッコが含まれる長い条文の読み方について触れておきます。これらの条文は，カッコ書き部分にラインマーカーで色づけをしたり，アンダーラインを付けたりすると，本文とカッコ書き部分が一目でわかるようになり，読みやすくなります。

　本書ではカラー印刷の代わりに字体を変えたり，斜体にしたりするなどしています。

濱田）条文をパソコンで扱うのなら，カッコ書き部分を外出しする方法もあります。この方法は本文からカッコ書きがなくなるので，本文が読みやすくなります。

　カッコ書き部分が長い条文に使うといいですね。

2 認定申請期限

1 認定申請手続に係る円滑化法施行規則７条関係

内藤）では，認定申請手続を見ていきます。こちらの条文はカッコ書きが長いので，カッコ書き部分を外出ししてみます。

> **円滑化法施行規則**
> （認定の申請）
> **第７条**
>
> 6 法第12条第１項の認定（＃１）を受けようとする会社である中小企業者は，当該認定に係る贈与の日の属する年の翌年の１月15日（＃２）までに，様式第７の３による申請書に，当該申請書の写し１通及び次に掲げる書類を添付して，都道府県知事に提出するものとする。
>
> （省略）
>
> 　十　第17条第５項に規定する確認書（…）
>
> 　（省略）
>
> 　＃１　前条第１項第11号の事由に係るものに限る。
>
> 　＃２　当該贈与に係る贈与税申告期限前に当該中小企業者の第一種特例経営承継贈与者の相続が開始した場合（＃２−１）にあっては，当該第一種特例経営承継贈与者の相続の開始の日の翌日から８月を経過する日又は当該贈与の日の属する年の翌年の１月15日のいずれか早い日，当該贈与税申告期限前に当該第一種特例経営承継受贈者の相続が開始した場合にあっては，当該第一種特例経営承継受贈者の相続の開始の日の翌日から８月を経過する日
>
> 　＃２−１　当該贈与の日の属する年において当該第一種特例経営承継贈与者の相

> *続が開始し，かつ，当該中小企業者の第一種特例経営承継受贈者が当該第一種特例経営承継贈与者からの相続又は遺贈により財産を取得したことにより相続税法第19条又は第21条の15の規定により当該贈与により取得した当該株式等の価額が相続税の課税価格に加算されることとなる場合（＃2−1−1）を除く。*
>
> *＃2−1−1　当該株式等について同法第21条の16の規定の適用がある場合を含む。*

　ここで確認しておきたいのが，認定申請期限です。原則は贈与年の翌年1月15日までとなっています。

岡野）これは，申告期限の2月前と覚えておくといいでしょう。相続の場合の認定申請期限は相続開始の日の翌日から8月を経過する日，つまり相続税の申告期限の2月前までです。

村木）例外がカッコ書き（＃2）で，贈与税の申告期限前に贈与者又は受贈者が死亡した場合の取扱いです。この内容を見る前に，贈与者が死亡した場合の一般的な流れを確認しておきましょう。

2　贈与者が死亡した場合の手続の流れ

白井）この流れは，一般的に**図表1**のようになります。

　まず，贈与に係る手続として11号認定申請と贈与税の申告をします。

　その受贈株式は相続により取得したものとみなされ，相続税の課税関係に移行し，相続税の申告をします。その際，相続税についても一定の要件を満たせば納税猶予が受けられますので，贈与者の死亡に係る手続として切替確認（円滑化法規則13①③）を受けることになります。

濱田）この場合の相続税の納税猶予は，贈与者死亡による相続税の納税猶予

（措法70の7の8）のことで，通常の相続税の納税猶予（措法70の7の6）で
はないのですね。

【図表1】贈与者が死亡した場合の手続の流れ

（※）贈与者死亡による相続税の納税猶予

内藤）＃2の1つ目は贈与税の申告期限前に贈与者が死亡した場合の取扱いで，
贈与者の相続開始の日の翌日から8月を経過する日が翌年1月15日よりも早
い場合は，その8月を経過する日が認定申請期限になるのですね。

岡野）ただし，＃2−1で＃2を適用しない場合が書かれています。具体的に
は，次の2つの事由を満たすときは，＃2の適用はされないこととなります。

---

① 贈与年に贈与者が死亡すること
② 贈与者に係る相続税の計算にあたり，受贈株式の価額が生前贈与加算
　 又は相続時精算課税制度により相続税の課税価格に加算されることとな
　 ること

濱田）①と②に該当すると，なぜ＃2から除外されるのでしょうか。

白井）これは受贈株式の価額が贈与税の課税価格に含まれないケースです（相
法21の2④）。つまり贈与税の申告が必要なくなり，11号認定は不要となるた
め除外しているのですね。

村木）もっとも＃2−1で除外される場合は，円滑化法施行規則6条9項とこ
こで準用する3項により，受贈株式を贈与者から相続により取得したものとみ

なされ，相続の12号認定を受け，相続税の納税猶予（措法70の7の6）を受けることが可能になります（**図表2**参照）。

【図表2】贈与年に贈与者が死亡した場合の手続の流れ

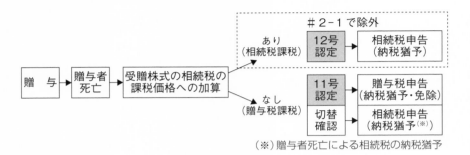

（※）贈与者死亡による相続税の納税猶予

円滑化法施行規則

（法第12条第1項の経済産業省令で定める事由）

第6条

（一般制度に係る受贈株式のみなし相続取得規定）

3　中小企業者の代表者が，贈与（**第1項第7号チ⑴又は⑵に掲げる場合の区分に応じ，当該⑴又は⑵に定める贈与に限る。**）により当該中小企業者の株式等を取得していた場合において，当該贈与の日の属する年において当該株式等の贈与者の相続が開始し，かつ，当該贈与者からの相続又は遺贈により財産を取得したことにより相続税法（**昭和25年法律第73号**）第19条又は第21条の15の規定により当該贈与により取得した当該株式等の価額が相続税の課税価格に加算されることとなるとき（**当該株式等について同法第21条の16の規定の適用がある場合を含む。**）は，第1項第8号の規定の適用については，当該贈与者を当該代表者の被相続人と，当該贈与により取得した株式等を当該贈与者から相続又は遺贈により取得した株式等とみなす。この場合において，次の表の上欄に掲げる規定中同表の中欄に掲げる字句は，同表の下欄に掲げる字句と読み替えるものとする。

（表省略）

（省略）

（特例制度に係る第3項の準用規定）

9 第3項の規定は，中小企業者の代表者が，贈与**（第1項第11号チ⑴又は⑵
に掲げる場合の区分に応じ，当該⑴又は⑵に定める贈与に限る。）**により当
該中小企業者の株式等を取得…したときについて準用する。（以下省略）

内藤）なるほど。＃2-1に該当するものは，原則の翌年1月15日が認定申
請期限と解釈していたので頭がモヤモヤしていたのですが，11号認定の対象
外＝12号認定の対象とされるということがわかり，スッキリしました。1つ
の規定を近視眼的に見るのではなく，一歩引いて考えることが重要ですね。

濱田）話を元に戻します。＃2-1に該当しないものは，贈与税の課税関係か
ら始まるので，カッコ書き（＃2）の期限の翌年1月15日となるのですね。
そして，切替確認手続と措置法70条の7の7によるみなし相続による相続税
の申告をすることになります。

岡野）この相続税の申告期限が贈与者死亡の日の翌日から10月を経過する日
なので，これに間に合うように，11号認定の期限を相続開始の日の翌日から
8月を経過する日としているのですね。

村木）切替確認の確認申請期限も，これに合わせるように相続開始の日の翌日
から8月を経過する日となっています。

白井）＃2が適用されるもう1つが，贈与税の申告期限までに受贈者が死亡し
た場合です。
　この場合は，贈与税の申告期限が相続開始の日の翌日から10月を経過する
日となるので，その申告期限の2月前となる相続開始の日の翌日から8月を経

過する日が期限となります。

濱田）余談ですが，この受贈者が死亡した場合は，受贈者の相続人が11号認定に併せて12号認定を受けられるのですね（円滑化法規則6④⑩）。

岡野）以上の贈与税の特例制度に係る11号認定の申請期限をまとめると，**図表3**のようになります。図やまとめの表を作成してみると，書いてある内容が整理しやすくなりますので，わかりにくい条文はチャレンジしてもらいたいですね。

【図表3】贈与税の特例制度に係る11号認定の申請期限のまとめ

区　分			期　限	
原　則			翌年1月15日	本文
例　外	死亡者	死亡時期		
	贈与者	～5/14	相続開始の日の翌日から8月を経過する日	#2
		5/15～	翌年1月15日	#2
	受贈者		相続開始の日の翌日から8月を経過する日	#2

（※）受贈株式が相続税の課税価格に加算される場合（#2-1）は，12号認定が適用される。

③　特例承継計画の確認申請期限

内藤）特例制度の前提となる11号認定申請には，円滑化法施行規則17条２項に規定する確認書，つまり特例承継計画の都道府県知事による確認書を添付する必要がありますね。この確認申請は，令和５年（2023年）３月31日までにすることになっています。

円滑化法施行規則

（指導及び助言に係る都道府県知事の確認）

第17条　中小企業者は，次の各号に該当することについて，都道府県知事の確認を受けることができる。

　一　前条第１号に掲げる要件のいずれにも該当すること。

　二　（省略）

２　前項の確認（**前条第１号の事由に係るものに限る。**）を受けようとする中小企業者は，令和５年３月31日までに，様式第21による申請書に，当該申請書の写し１通及び次に掲げる書類を添付して，都道府県知事に提出するものとする。

（省略）

５　都道府県知事は，前３項の申請を受けた場合において，第１項の確認をしたときは，様式第22による確認書を交付し，当該確認をしない旨の決定をしたときは，様式第23により申請者である中小企業者（…）に対して通知しなければならない。

濱田）この期限までに特例承継計画の確認申請をし，確認書の交付を受けられれば，令和９年（2027年）12月31日までの贈与や相続について特例制度が受けられます。

　ここで，例えば令和5年（2023年）3月31日に認定申請をする場合で，まだ確認申請をしていなければ，確認書を添付できないので，特例制度の認定申請はできないことになると思います。

　しかし，認定申請時に確認申請書も一緒に提出すればいいと，「認定申請書の（備考）④」に書かれています。この根拠はどこにあるのでしょうか。

様式第7の3　第一種特例贈与認定中小企業者に係る認定申請書
（備考）
④　「施行規則第17条第1項第1号の確認（施行規則第18条第1項又は第2項の変更の確認をした場合には変更後の確認）に係る確認事項」については，当該確認を受けていない場合には，本申請と併せて施行規則第17条第2項各号に掲げる書類を添付する。（以下省略）

村木）条文を見る限り，認定申請と同時に確認申請をすればいいとは読めないのですね。期限内に確認申請が適正にされれば認定時には間に合うという理屈なのでしょうか。解釈としてはスッキリしないのですが，利用者にとっては不利な扱いではないので，問題視しなくてもいいのですが。

白井）実務としては，あえてリスクを冒す必要はありませんので，早めに提出すべきだと思いますね。

岡野）そうですね。ただ，このような問題が出てくるのは，相続が発生した場合です。贈与の場合の認定申請期間は贈与年の10月15日から翌年1月15日ですから，令和5年（2023年）3月31日が認定申請期限となることはありません。
　この日が認定申請期限となるのは，贈与者又は受贈者が令和4年（2022年）7月31日に死亡した場合と，先代経営者が同日に死亡した場合です。
　この日前2か月間に相続があった場合は，早めに確認申請をすべきですね。

内藤）この確認申請期限に関するものとして，もう１つ疑問があります。

特例承継計画に係る特例後継者に変更があった場合は，変更の確認（円滑化法規則18①）を受けることとなっています。この場合の手続は，最初の確認の規定（円滑化法規則17②）を準用することになっています。

円滑化法施行規則

（変更の確認）

第18条　前条第１項第１号の確認を受けた中小企業者は，特例後継者（**第一種特例経営承継受贈者，第一種特例経営承継相続人，第二種特例経営承継受贈者及び第二種特例経営承継相続人である特例後継者を除く。**）を変更しようとするときは，認定経営革新等支援機関の指導及び助言を受け，かつ，都道府県知事の確認を受けなければならない。

（省略）

5　前条第２項の規定は，第１項及び第２項の申請について準用する。この場合において，前条第２項中「様式第21」とあるのは「様式第24」と読み替えるものとする。

　これによれば，変更確認申請は令和５年（2023年）３月31日までしか認められないことになっています。

　しかし，例えば，長男を特例後継者として確認を受けていた場合に，その長男が令和５年（2023年）４月１日以後に事故等で死亡すると，次男を特例後継者とする特例制度が受けられないことになりますね。

岡野）確かに，そのような読み方をするのが普通です。ただ，実務上，それでいいのかという疑問ですか。

白井）この読み方をすると，令和５年（2023年）４月１日以後の贈与実行前に，特例後継者としていた後継予定者に不慮の事故があった場合，特例制度が使え

なくなってしまいます。そうなると，事業承継税制の特例制度の趣旨である，早期の後継者への事業承継を促すという目的に反するような気がします。

村木）そのようになる前に，早く事業承継を行わせたいという思惑はないと思いますが，やはり条文の読み方としてはそうなるのでしょうね。

濱田）ただ，中小企業庁は令和5年（2023年）4月1日以後も変更確認は行えると説明したとの話もあるようです。

岡野）円滑化法施行規則は，条文から読み取れる内容とは違う取扱いがされるものがあるようです。利用者にとって不利な取扱いがされるわけではないので文句をいう筋合いはないのかもしれません。
　ただ，条文どおりの取扱いがされないというのは気持ちが悪いですね。

内藤）実務は，今後出てくる情報待ちですね。

白井）待っていたら，平成31年3月の改正で手当がされ，期限が削除されましたね。

> **円滑化法施行規則**
> （変更の確認）
> **第18条**
> 5　前条第2項の規定は，第1項及び第2項の申請について準用する。この場合において，前条第2項中「令和5年3月31日までに，様式第21による申請書に，」とあるのは「様式第24による申請書に，」と読み替えるものとする。

特例贈与者と
特例制度の適用期間

《扱う主な条文》

租税特別措置法 70 条の 7 の 5 第 1 項・第 2 項

租税特別措置法施行令 40 条の 8 の 5 第 1 項

円滑化法施行規則 6 条 1 項

期間計算を扱ってみよう

期間計算は，税法に限らず，法律を扱う上で非常に重要な事項です。

内藤）この章からは，事業承継税制の特例制度を規定している措置法70条の7の5を見ていきます。

濱田）事業承継税制は，事業の承継を促進するため，先代経営者から後継者への株式の移転に伴う贈与税・相続税の納税を猶予するものでしたね。

白井）これが平成30年度税制改正により，一般制度・特例制度ともに，先代経営者以外の者からの贈与・相続等に係る贈与税・相続税も納税猶予の対象となりました。

村木）複数贈与者等に対応したのは，後継者の議決権割合はより多いほうが経営の安定上望ましく，制度としてもそのような状態にすることを後押しするためでしょうね。

岡野）さらに特例制度では，最大3人の後継者まで納税猶予の対象となりました。いろいろな問題を抱えていますので，実務上使う機会は稀だと思いますが，今回併せて確認していきます。

1 2種類の特例贈与者

内藤）では，特例贈与者の規定を見てみましょう。

> **租税特別措置法**
>
> **（非上場株式等についての贈与税の納税猶予及び免除の特例）**
>
> **第70条の7の5** 特例認定贈与承継会社の非上場株式等（＃1）を有していた個人として政令で定める者₍ᵢ₎（＃2）が特例経営承継受贈者に当該特例認定贈与承継会社の非上場株式等の贈与（＃3）をした場合において，…。
>
> ＃1 議決権に制限のないものに限る。以下この項において同じ。
>
> ＃2 当該特例認定贈与承継会社の非上場株式等について既にこの項の規定の適用に係る贈与をしているものを除く。₍ᵢᵢ₎以下この条，第70条の7の7及び第70条の7の8において「特例贈与者」という。
>
> ＃3 平成30年1月1日から令和9年12月31日までの間の最初のこの項の規定の適用に係る贈与及び当該贈与の日から特例経営贈与承継期間の末日までの間に贈与税の申告書（*相続税法第28条第1項の規定による期限内申告書をいう。以下この条において同じ。*）の提出期限（…）が到来する贈与に限る。₍ᵢᵢᵢ₎

1項では，特例の対象となる贈与者を「特例贈与者」と定義づけしていますが，具体的な対象者は政令で定めています。

> **租税特別措置法施行令**
>
> **（非上場株式等についての贈与税の納税猶予及び免除の特例）**
>
> **第40条の8の5** 法第70条の7の5第1項に規定する非上場株式等を有していた個人として政令で定める者は，次の各号に掲げる場合の区分に応じ当該各号に定める者とする。

　一　次号に掲げる場合以外の場合　法第70条の7の5第1項の規定の適用に係る贈与の時前において，同条第2項第1号に規定する特例認定贈与承継会社（以下この条において**「特例認定贈与承継会社」**という。）の代表権（…）を有していた個人で，次に掲げる要件の全てを満たすもの

　　イ　当該贈与の直前（…）において，当該個人及び当該個人と法第70条の7の5第2項第6号ハに規定する特別の関係がある者の有する当該特例認定贈与承継会社の同項第5号に規定する非上場株式等（**以下この条において「非上場株式等」という。**）に係る議決権の数の合計が，当該特例認定贈与承継会社の同項第6号ハに規定する総株主等議決権数の100分の50を超える数であること。

　　ロ　当該贈与の直前（…）において，当該個人が有する当該特例認定贈与承継会社の非上場株式等に係る議決権の数が，当該個人と法第70条の7の5第2項第6号ハに規定する特別の関係がある者（**当該特例認定贈与承継会社の同号に規定する特例経営承継受贈者（*以下この条において「特例経営承継受贈者」*という。）となる者を除く。**）のうちいずれの者が有する当該非上場株式等に係る議決権の数をも下回らないこと。

　　ハ　当該贈与の時において，当該個人が当該特例認定贈与承継会社の代表権を有していないこと。

　二　法第70条の7の5第1項の規定の適用に係る贈与の直前において，次に掲げる者のいずれかに該当する者がある場合　特例認定贈与承継会社の非上場株式等を有していた個人で，同項の規定の適用に係る贈与の時において当該特例認定贈与承継会社の代表権を有していないもの

　　イ　当該特例認定贈与承継会社の非上場株式等について，法第70条の7の5第1項，第70条の7の6第1項又は第70条の7の8第1項の規定の適用を受けている者

　　ロ　前号に定める者から法第70条の7の5第1項の規定の適用に係る贈与により当該特例認定贈与承継会社の非上場株式等の取得をしている者（**イに掲げる者を除く。**）

> ハ　次条第１項第１号に定める者から法第70条の７の６第１項の規定の適
> 　　用に係る相続又は遺贈により当該特例認定贈与承継会社の非上場株式等
> 　　の取得をしている者（**イに掲げる者を除く。**）

濱田）　１号と２号の２種類の特例贈与者があります。複数贈与者に対応してい
るのでしょうが，どのように使い分けられているのでしょうか。

村木）　先代経営者が特例贈与者となる場合が１号，先代経営者以外の者が特例
贈与者となる場合が２号です（**図表１**参照）。

【図表１】　２種類の特例贈与者

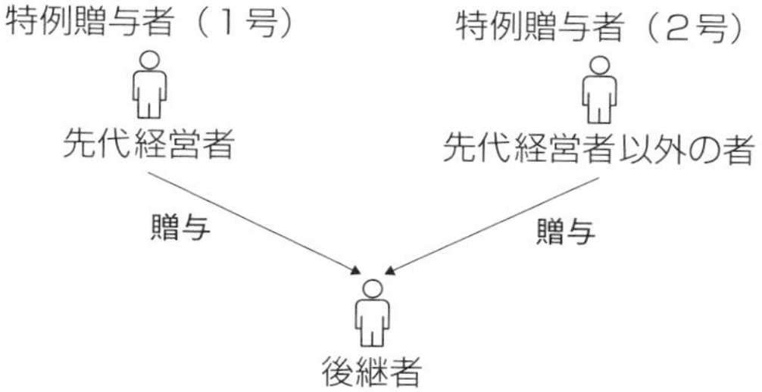

特例贈与者（１号）　　　　　　特例贈与者（２号）

先代経営者　　　　　　　先代経営者以外の者

贈与　　　　　　　　　　贈与

後継者

　１号には，過去代表者要件（柱書き），同族グループ議決権割合50％超要件
（イ），同族グループ内筆頭株主要件（ロ），贈与時非代表者要件（ハ）があり，
ここから先代経営者が贈与者であることがわかりますね。

白井）　それに対し，２号には贈与時非代表者要件（柱書き）がありますが，１
号にある他の要件はありません。その代わりに，イ，ロ，ハのいずれかに該当
する者がいることが要件となります。

岡野）　２号イ，ロ，ハの要件は，簡単にいえば，先代経営者から後継者への贈
与や相続により納税猶予の特例制度を受けている人，又は受ける人が存在する

ことを要求するものです。2号の贈与は追随贈与や付随的贈与ともいわれています。

濱田）ということは，先代経営者から後継者への贈与が最初にされた後でなければ，先代経営者以外の者からの贈与については納税猶予が受けられないと読み取るのですね。

2 「既にこの項の規定の適用に係る 贈与をしているもの」とは

内藤）特例贈与者を定義づけしているカッコ書き内に「当該特例認定贈与承継会社の非上場株式等について既にこの項の規定の適用に係る贈与をしているものを除く。」の文言があります。

　これは単に，一度の贈与だけしか納税猶予制度の対象としないという意味なのでしょうか。

村木）平成30年度税制改正前の一般制度（措法70の7）にも同じ文言があり，その時はそのような意味でした。しかし，最大3人の後継者まで納税猶予の対象としたことから，解釈の範囲が広がりました。

　つまり，従前は贈与者と受贈者の組合せは，先代経営者と後継者1人の1つしかなかったのですが，今回の改正で，贈与者1人につき受贈者は最大3人までとなりました。そして，一の贈与者からの贈与について納税猶予が受けられるのは一度だけということになります（**図表2**参照）。

【図表2】贈与者と後継者の関係

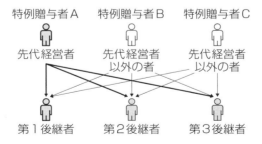

白井）「既にこの項の規定の適用に係る贈与をしているもの」は特例贈与者から除かれるので，図表2でいえば，特例贈与者Aからの贈与については，第1後継者，第2後継者，第3後継者まで，一度の贈与，つまり同時贈与でなければならないということですね。

村木）条文の文言どおり読めばそうなるのですが，一度の贈与というのは，必ずしも同時でなくても問題ありません。例えば，先代経営者から第1後継者に贈与がされた時以後の同一年中であれば，第2後継者，第3後継者に対する贈与も納税猶予の対象になります。

岡野）「既にこの項の規定の適用に係る贈与をしているもの」というのはそのように解釈すると通達で示しています。

> **租税特別措置法関係通達**
> **（特例贈与者の意義等）**
> **70の7の5－2**
> （本文省略）
> （注）同条第2項第6号に規定する特例経営承継受贈者（以下70の7の7－2までにおいて「特例経営承継受贈者」という。）が2人又は3人以上ある場合において，同一年中に，これらの特例経営承継受贈者に特例認定贈与承継会社の非上場株式等の贈与を行うものは「既に同条第1項の規定の適用に係る贈与をしているもの」に含まれないことに留意する。

濱田）この点は，円滑化法施行規則による認定についても同様の規定があります。

円滑化法施行規則

（法第12条第1項の経済産業省令で定める事由）

第6条第1項第11号ト

(8) 当該贈与の時において，当該中小企業者の株式等の贈与者が当該中小企業者の代表者でなく，かつ，当該中小企業者の株式等の贈与者が当該中小企業者の株式等について法第12条第1項の認定（**この号又は第13号の事由に係るものに限る。**）に係る贈与をした者でないこと。

これも条文の文言どおりの取扱いはされないようで，中小企業庁のマニュアルでは同年中の贈与であればいいとしています。

―経営承継円滑化法―申請マニュアル

【相続税，贈与税の納税猶予制度の特例】

令和2年4月施行

第2章　都道府県知事の認定について

第1節　第一種特例贈与認定中小企業者　17ページ

● 既に特例措置の適用に係る贈与をしていないこと

　既に特例措置の適用を受ける贈与をしている先代経営者は，再度この特例の適用を受ける贈与をすることはできません。ただし，その贈与者から株式等を贈与された後継者が2人又は3人である場合には，同年中に限り，それぞれの後継者に対し別日に贈与しても構いません（下図参照）。贈与が別日になった場合，それぞれの贈与に係る認定申請書は一括して提出してください。
http://www.chusho.meti.go.jp/zaimu/shoukei/2019/190517shoukei_manual_2.pdf

岡野）ただし，贈与者の順番には注意が必要ですね。最初は先代経営者からの贈与が行われなければいけません。仮に先代経営者以外の者が先代経営者に先だって贈与をした場合のその贈与に係る贈与者は，特例贈与者に該当しません。

白井）施行令40条の8の5第1項2号ロに該当する者がいないからなのですね。

内藤）同一年中の贈与であれば納税猶予の対象となる贈与となるというのは，先代経営者以外の者からの贈与についても同じ解釈でしょうか。

村木）そうですね。先代経営者とそれ以外の贈与者で違う取扱いとする理由はありませんから。

濱田）なお，令和2年3月31日の円滑化法施行規則の一部を改正する省令（令和2年経済産業省令第30号）において(8)にただし書きが追加されました。
　これにより，上記の疑問が解決されますね。

円滑化法施行規則
第6条第1項第11号ト(8)ただし書き
　ただし，当該贈与により当該中小企業者の株式等を取得した当該中小企業者の代表者が2人又は3人である場合において，当該贈与が同一の年中に行われるときは，当該贈与のうち最初の贈与後の贈与については，…ト(8)中「当該中小企業者の株式等の贈与者が当該中小企業者の株式等について法第12条第1項の認定（この号又は第13号の事由に係るものに限る。）に係る贈与をした者でないこと」とあるのは「当該中小企業者の株式等の贈与者が当該中小企業者の株式等について法第12条第1項の認定（第13号の事由に係るものに限る。）に係る贈与をした者でないこと」…と読み替えるものとする。

3　特例の対象となる贈与の期間

濱田）先代経営者以外の者からの贈与については，いつまでの贈与が納税猶予の対象となるのでしょうか。

岡野）措置法70条の7の5本文の3つ目のカッコ書き（＃3）において，最初の納税猶予の適用に係る贈与の日から特例経営贈与承継期間の末日までの間に贈与税の申告書の提出期限が到来する贈与が対象と規定しています。

内藤）期間の初日は「最初の贈与の日から」となっているので，初日不算入となり，贈与の日の翌日からの贈与が対象となるのですね。

村木）いいえ。ここは誤解のあるところです。
　根拠となる国税通則法10条1項を見てみましょう。確かに1号で期間の初日は算入しないとあります。しかし，これは日，月，又は年をもって定める期間の計算をする場合の取扱いです。

> **国税通則法**
> **（期間の計算及び期限の特例）**
> **第10条**　国税に関する法律において日，月又は年をもつて定める期間の計算は，次に定めるところによる。
> 　一　期間の初日は，算入しない。ただし，その期間が午前零時から始まるとき，又は国税に関する法律に別段の定めがあるときは，この限りでない。
> 　（以下省略）

　期間というのは，ある時点からある時点までの時間の区分です。この期間を

計算する場合には，この規定が使われるのですが，♯3は期間の計算をしているものではありませんね。

濱田）なるほど。例えば，贈与の日から5年を経過する日などと規定がされていれば，初日不算入となり翌日起算となるのですね。

　しかし，今回は単に期間の初日と末日を規定しているだけです。何日間といった期間の長さを計算するものではないので，贈与日がそのまま期間の初日になるのですね。

内藤）そうなんですか。納得できたような，できないような。私のようにスッキリしない人は，最初の贈与の日の翌日以後に贈与をしてもらえばいいのですね。

岡野）次に期間の末日です。こちらは，特例経営贈与承継期間の末日となっています。特例経営贈与承継期間の末日は，最初の贈与の日の属する年分の贈与税の申告書の提出期限の翌日以後5年を経過する日です。

> **租税特別措置法**
> **第70条の7の5**
> 2　この条において，次の各号に掲げる用語の意義は，当該各号に定めるところによる。
> （省略）
> 　七　特例経営贈与承継期間　前項の規定の適用に係る贈与の日の属する年分の贈与税の申告書の提出期限の翌日から次に掲げる日のいずれか早い日又は同項の規定の適用を受ける特例経営承継受贈者若しくは当該特例経営承継受贈者に係る特例贈与者の死亡の日の前日のいずれか早い日までの期間をいう。
> 　　イ　当該特例経営承継受贈者の最初の前項の規定の適用に係る贈与の日の

> 属する年分の贈与税の申告書の提出期限の翌日以後5年を経過する日
> ロ 当該特例経営承継受贈者の最初の次条第1項の規定の適用に係る相続
> に係る同項に規定する相続税の申告書の提出期限の翌日以後5年を経過
> する日

白井）具体的な日付を入れてみましょう。**図表3**を見てください。

　令和4年（2022年）中に最初の贈与があった場合の贈与税の申告期限は令和5年（2023年）3月15日となり，この日の翌日以後5年を経過する日は令和10年（2028年）3月15日です。この日までに贈与税の申告期限が到来するのは，令和9年（2027年）12月31日までの贈与ということになります。

【図表3】 納税猶予の対象となる贈与の期間

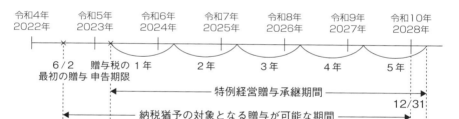

村木）ちなみに，今見たのはイですが，ロについても触れておきます。

　先代経営者以外の者からの贈与による納税猶予は，必ずしも先代経営者からの「贈与」が必要なわけではありません。後継者が先代経営者から「相続」により株式を取得し，相続税の納税猶予を受けている場合でも適用があります。

　この場合の特例経営贈与承継期間の末日は，最初の相続に係る相続税の申告書の提出期限の翌日以後5年を経過する日です。

濱田）後継者に株式を集中させる機会を与えるために贈与者の範囲を広げたのですから，何も最初の移転を贈与に限る必要がないですからね。

岡野）このように，最初が贈与の場合であっても相続の場合であっても，先代経営者以外の者からの移転については，贈与と相続のいずれでも他の要件を満たす限り納税猶予の対象となります（**図表4**参照）。

【図表4】贈与税の納税猶予と相続税の納税猶予の組合せ

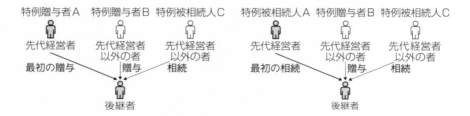

白井）今回条文は見ていませんが，相続税の納税猶予も複数被相続人に対応している条文になっていますので，措置法70条の7の6もご覧ください。

内藤）ところで，今気がついたのですが，特例制度の適用期限は令和9年（2027年）12月31日ですよね。もしかして，この日に最初の贈与をしたとすると，先代経営者以外の者からの贈与が令和14年（2032年）12月31日までなら納税猶予の対象となるのでしょうか。

村木）もちろん，そうなります。

濱田）令和10年（2028年）以後の贈与については，特例制度の適用はあり得ないと思っていました。先入観があると制度を間違って理解しかねません。思い込みを取っ払って条文を眺めることも必要と感じましたね。

贈与者の要件

《扱う主な条文》

租税特別措置法70条の7の5第2項・第12項

租税特別措置法施行令40条の8第8項・第11項，
40条の8の5第1項・第14項

準用規定の使い方を覚えよう

　条文は，同じ文章の繰り返しを避けるため，既に出ている取扱いを準用させることがあります。このとき，準用しながら用語は読み替えるというテクニックが使われると，読む側としてのハードルが急に上がります。

　読替えを含む準用規定は，丁寧に読み替えるしかありませんので，根気よく作業をしましょう。

内藤）この章では，贈与者の要件について，対応する措置法の該当条文を見て
いきましょう。

岡野）実務をする上では，チェックリストを使えば漏れはないのでしょうが，
いざ条文で確認しようとすると探しにくいものもあるので，取り上げてもらえ
ると個人的にも助かります。

1　先代経営者である贈与者の要件

村木）贈与者の要件は，措置法70条の７の５第１項に基づく委任規定により施行令40条の８の５第１項で規定されています。１号が制度最初の贈与となる先代経営者である贈与者，２号が１号以外の贈与者となっています。

　まず１号から見ていきましょう。

租税特別措置法施行令

（非上場株式等についての贈与税の納税猶予及び免除の特例）

第40条の８の５　法第70条の７の５第１項に規定する非上場株式等を有していた個人として政令で定める者は，次の各号に掲げる場合の区分に応じ当該各号に定める者とする。

一　次号に掲げる場合以外の場合　法第70条の７の５第１項の規定の適用に係る贈与の時前において，同条第２項第１号に規定する特例認定贈与承継会社（以下この条において「特例認定贈与承継会社」という。）の代表権（制限が加えられた代表権を除く。イ及びロにおいて同じ。）を有していた個人で，次に掲げる要件の全てを満たすもの

　イ　当該贈与の直前（当該個人が当該贈与の直前において当該特例認定贈与承継会社の代表権を有しない場合には，当該個人が当該代表権を有していた期間内のいずれかの時及び当該贈与の直前）において，当該個人及び当該個人と法第70条の７の５第２項第６号ハに規定する特別の関係がある者の有する当該特例認定贈与承継会社の同項第５号に規定する非上場株式等（以下この条において「非上場株式等」という。）に係る議決権の数の合計が，当該特例認定贈与承継会社の同項第６号ハに規定する総株主等議決権数の100分の50を超える数であること。

　ロ　当該贈与の直前（当該個人が当該贈与の直前において当該特例認定贈

与承継会社の代表権を有しない場合には，当該個人が当該代表権を有していた期間内のいずれかの時及び当該贈与の直前）において，当該個人が有する当該特例認定贈与承継会社の非上場株式等に係る議決権の数が，当該個人と法第70条の7の5第2項第6号ハに規定する特別の関係がある者（当該特例認定贈与承継会社の同号に規定する特例経営承継受贈者（以下この条において「*特例経営承継受贈者*」という。）となる者を除く。）のうちいずれの者が有する当該非上場株式等に係る議決権の数をも下回らないこと。

ハ　当該贈与の時において，当該個人が当該特例認定贈与承継会社の代表権を有していないこと。

岡野）　1号の贈与者の要件をまとめると**図表1**のようになります。

【図表1】　1号の贈与者（先代経営者）の要件

要　件	内　容	根　拠
①　贈与前代表者要件	贈与者が贈与時前において会社の代表者であったこと。	措令①一柱書きのカッコ書き
②　同族グループ議決権50%超要件	贈与直前(※1)において，贈与者の属する同族グループの議決権割合が50%超であること。 (※1)贈与直前において代表者でない場合は，代表者であった期間内のいずれかの時と贈与直前の両方の時点	措令①一イ
③　同族グループ内筆頭株主要件	贈与直前(※2)において，贈与者が後継者（受贈者）を除き，同族グループ内における筆頭株主であること。 (※2)贈与直前において代表者でない場合は，代表者であった期間内のいずれかの時と贈与直前の両方の時点	措令①一ロ
④　贈与時非代表者要件	贈与者が贈与時において会社の代表者でないこと。	措令①一ハ

白井）まず①の贈与前代表者要件です。

　これは，贈与者が贈与の前に代表権を有していたことという要件ですね。事業承継ですから，代表者であった人から後継者への贈与がされなければなりませんので，当然の要件です。

　しかし，代表者といっても代表権に制限がついていると，ここでいう代表者として扱われません。

濱田）商法時代には共同代表というものがありました。この共同代表は代表者が共同して会社を代表するので，そのうちの１人だけでは代表権を行使できません。つまり，この共同代表は代表権に制限があることとなるので，①の要件を満たさないことになります。

内藤）ただ，会社法になってからは共同代表がないので，あまり気にしなくてもいいですね。

村木）あくまでも可能性の話ですが，代表者であった期間が商法時代の共同代表の期間だけだったということもありえます。また，会社法下であっても，善意の第三者に対抗できず，また，登記がされないものの，定款で共同代表制を採用することができます。この場合は，代表権がないとされてしまうのでしょう。

岡野）仮に共同代表であった時があっても，代表権に制限がない時があれば「代表権を有していた個人」に該当するので，実務上はそれほど心配する必要はありません。

濱田）代表権に制限がある人は経営者とは言い切れないので，そのような者から株式の贈与を受けても事業承継とはいえないということなのですね。

　このような取扱いにした結果，例えば，先代の父の死亡に際し，その配偶者

（母）が株式を相続して筆頭株主となっている状況下で，経営を任せられない高齢の母を一時的に代表者として納税猶予を適用しようとすることは防止できるのでしょう（**図表2**参照）。

【図表2】代表者でない者が筆頭株主となっている例

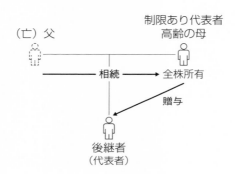

白井）条文の順序と違いますが，代表者に関連する項目として④の贈与時非代表者要件を先に見ていきます。

　こちらは贈与者が贈与時において代表者でないこととする要件です。贈与してから代表者を退任した場合は，贈与時点において代表者であるのでこの要件を満たしません。なので，贈与契約日と役員の退任日を同日にしないなど，注意が必要ですね。

岡野）代表者の退任後に株式を贈与したことを，議事録や贈与契約書に時間を記載してその順序を明らかにしておけばいいのかもしれませんが，日にちが違っていれば間違いは起きませんね。

内藤）では，後継者と贈与者をともに代表者にしておき，贈与者の代表権に制限を設けるという方法は認められますか。つまり，贈与者の代表権に制限を設けておけば代表権を有していることにならないので，④の要件を満たすことに

なると思うのですが。

村木） ダメですね。施行令１項１号を見直してください。制限が加えられた代表権を除いているのはイ及びロだけで、ハについては除かれていません。ハでいう代表権は制限の有無を問わないのです。

濱田） ここで検討している代表権については、同じ条文の同じ項の同じ号に代表権の範囲が示されているので気がつくのですが、中には離れたところに定義が規定されているものがあります。

　条文を法律の途中から見ている場合や、条文を項の途中から見ている場合には、見ている箇所の前に用語の定義がされていることがあるので、注意が必要ですね。

白井） 例えば、措置法69条の２がそうです。措置法70条の８の２まで、つまり相続税法の特例については、措置法69条の２において遺贈に死因贈与を含むことを規定しています。

　これに気がつかないと、死因贈与により取得した宅地等は、措置法69条の４に規定されている小規模宅地等の特例の対象とならないという誤った判断をしてしまいます。

租税特別措置法
（在外財産等についての相続税の課税価格の計算の特例）
第69条の２　相続又は遺贈（贈与をした者の死亡により効力を生ずる贈与を含む。以下第70条の８の２までにおいて同じ。）により取得した財産のうちに
（以下省略）

岡野） 次に②の同族グループ議決権50％超要件です。

　贈与直前における贈与者の同族グループの議決権割合が50％超であること

の要件ですが，贈与者が経営から退いているなどして贈与直前に代表者でない場合は，代表権を有していた期間内のいずれかの時と贈与直前の2時点で要件を満たす必要があります。

村木） ここで，贈与者の同族グループの範囲を条文で追ってみましょう。イでは「個人（贈与者）及び贈与者と措置法70条の7の5第2項第6号ハに規定する特別の関係がある者」と規定されているので，まずこちらを見ます。

> **租税特別措置法**
> **（非上場株式等についての贈与税の納税猶予及び免除の特例）**
> **第70条の7の5第2項第6号**
> 　ハ　当該贈与の時において，当該個人及び当該個人と政令で定める特別の関係がある者（以下省略）。

すると，こちらでは政令を見なさいとの指示がされますので，該当する施行令40条の8の5第14項を見ます。

> **租税特別措置法施行令**
> **第40条の8の5**
> 14　第40条の8第11項の規定は，法第70条の7の5第2項第6号ハ及び第12項各号並びに同条において準用する法第70条の7に規定する政令で定める特別の関係がある者について準用する。

こちらでは施行令40条の8第11項の規定を準用せよと指示されますので，これに従い行き着いたところが一般制度の規定になります。

租税特別措置法施行令

（非上場株式等についての贈与税の納税猶予及び免除）

第40条の8

11　法第70条の7第2項第3号ハに規定する当該個人と政令で定める特別の関係がある者は，次に掲げる者とする。

　一　当該個人の親族

　二　当該個人と婚姻の届出をしていないが事実上婚姻関係と同様の事情にある者

　三　当該個人の使用人

　四　当該個人から受ける金銭その他の資産によって生計を維持している者**（前3号に掲げる者を除く。）**

　五　前3号に掲げる者と生計を一にするこれらの者の親族

　六　次に掲げる会社

　　イ　当該個人**（前各号に掲げる者を含む。以下この号において同じ。）**が有する会社の株式等に係る議決権の数の合計が，当該会社に係る総株主等議決権数の100分の50を超える数である場合における当該会社

　　ロ　当該個人及びイに掲げる会社が有する他の会社の株式等に係る議決権の数の合計が，当該他の会社に係る総株主等議決権数の100分の50を超える数である場合における当該他の会社

　　ハ　当該個人及びイ又はロに掲げる会社が有する他の会社の株式等に係る議決権の数の合計が，当該他の会社に係る総株主等議決権数の100分の50を超える数である場合における当該他の会社

　書いてある内容は税理士なら見慣れた内容です。しかし，ここまで行き着くのにいくつもの条文を経由しました。これは一般制度をベースとして創設された特例制度の宿命です。政令や省令では，このような準用規定がたくさん出てきますので，覚悟しましょう。

岡野）14項のように他の項や号などについても準用させている準用規定への対応には注意が必要です。通常，施行令の内容は本法の内容の順序，例えば，項，号の登場順序に従って登場してきます。しかし，この14項の準用規定は，本法2項6号ハだけでなく本法12項各号についても準用しています。

　本法12項に関するものは施行令22項で出てくるのですが，本法12項1号のある「当該特例経営承継受贈者と政令で定める特別の関係がある者」を施行令22項以後で探しても該当する規定が見つからないのです。

> **租税特別措置法**
> **第70条の7の5第12項**
> （省略）
> 　一　特例経営贈与承継期間の末日の翌日以後に，当該特例経営承継受贈者が当該特例対象受贈非上場株式等の全部又は一部の譲渡等（…）をした場合（**当該特例経営承継受贈者と政令で定める特別の関係がある者以外の者に対して行う場合に限る。**）（以下省略）

内藤）もし対応する政令が見つからなければ，施行令を1項から見ていくことにより解決するしかないのでしょうね。

濱田）次に③の同族グループ内筆頭株主要件です。

　先に一部の株式を後継者が取得している場合もありえますので，そのような場合でも納税猶予の対象となるように，後継者を除いて筆頭かどうかの判定をします。つまり，後継者が筆頭株主となっている場合は，贈与者の議決権割合は2番目でもいいということです（**図表3**参照）。

【図表3】筆頭株主の判定（その1）

|先代経営者 35% | 後継者 40% | その他の親族 25% |
後継者を除いて
筆頭株主のため○

|先代経営者 25% | 後継者 40% | 叔父 35% |
後継者を除いても
筆頭株主でないため×

村木） この後継者のことを特例経営承継受贈者といっています。会社が定めた特例経営承継受贈者が3人いる場合は，贈与者の議決権割合は4番目でもいいということになります（**図表4**参照）。

> **租税特別措置法**
>
> **第70条の7の5第2項**
>
> 六　特例経営承継受贈者　特例贈与者から前項の規定の適用に係る贈与により特例認定贈与承継会社の非上場株式等の取得をした個人で，次に掲げる要件の全てを満たす者（**その者が2人又は3人以上ある場合には，当該特例認定贈与承継会社が定めた2人又は3人までに限る。**）をいう。
>
> （省略）

【図表4】筆頭株主の判定（その2）

|先代経営者 22% | 後継者A 25% | 後継者B 25% | 後継者C 20% | その他の親族 8% |
後継者を除いて筆頭株主のため○

白井） この判定は贈与直前において行いますが，贈与者が贈与直前に代表者でない場合は，②の判定と同様，代表者であった期間内のいずれかの時と贈与直前の両方の時点で後継者を除いて筆頭株主であることが必要です。

濱田） ところで，「贈与直前」というのは，贈与をする時点の前の時をいいますよね。例えば，令和2年12月10日の午前10時に贈与するなら，その一瞬前の時です。この時は贈与者が代表者であってもいいのですが，その直後の贈与時には代表者であってはならないというのが④の要件です。

　であれば，贈与前に代表者を退任しているので②③の贈与直前において代表権を有していることはあり得ないのではないかと思うのですが，いかがでしょう。

内藤） そうですね。先ほど代表退任日と贈与日を分ければいいとの話がありましたが，この場合，贈与直前は代表権を有していないですね。

村木） 条文を厳密に読めばそのようになります。ただ，実務的にはそれほど神経質にならなくてもいいですね。というのも，贈与直前の午前9時59分59秒に代表権を失った場合は，その時と代表権を有していたいずれかの時はほぼ一致します。

　つまり，贈与前に同族グループ議決権割合50％超で，かつ，後継者以外の筆頭株主であれば，贈与直前と代表権を有していたいずれかの時の両時点において②③の要件を満たすことになります。

2 先代経営者以外の者である贈与者の要件

岡野）次に，２号に規定されている先代経営者以外の者が贈与者となる場合の贈与者の要件です。こちらは，いわゆる追随贈与についても納税猶予制度の適用を認めるための規定です。

租税特別措置法施行令

第40条の８の５第１項

二 法第70条の７の５第１項の規定の適用に係る贈与の直前において，次に掲げる者のいずれかに該当する者がある場合 特例認定贈与承継会社の非上場株式等を有していた個人で，同項の規定の適用に係る贈与の時において当該特例認定贈与承継会社の代表権を有していないもの

 イ 当該特例認定贈与承継会社の非上場株式等について，法第70条の７の５第１項，第70条の７の６第１項又は第70条の７の８第１項の規定の適用を受けている者

 ロ 前号に定める者から法第70条の７の５第１項の規定の適用に係る贈与により当該特例認定贈与承継会社の非上場株式等の取得をしている者（**イに掲げる者を除く。**）

 ハ 次条第１項第１号に定める者から法第70条の７の６第１項の規定の適用に係る相続又は遺贈により当該特例認定贈与承継会社の非上場株式等の取得をしている者（**イに掲げる者を除く。**）

　先代経営者以外の者が贈与者であることを想定したものなので，贈与者が過去に代表者であったことの要件はありません。ただ，２号の贈与者が代表者であることもありえます（**図表５**参照）ので，贈与時において代表権を有していないことが要件となっています。

【図表5】 先代経営者が2人いるケース

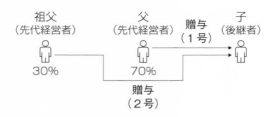

内藤）　2号は追随贈与を想定しているので，先行して先代経営者から後継者への株式の移転がされている必要があります。その先行の移転（贈与・相続等）を受けた者（後継者）として，イ，ロ，ハの3つのパターンが示されています（**図表6**参照）。それぞれどのような人のことなのでしょうか。

【図表6】 2号贈与者のイメージ

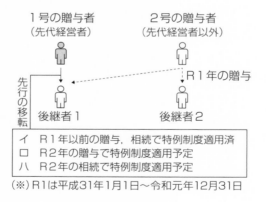

村木）　イは，今回の贈与に係る年の前年以前において贈与税の納税猶予制度の特例制度（措法70の7の5），相続税の納税猶予制度の特例制度（措法70の7の6）又は贈与税の特例制度の適用に係る贈与者死亡に伴う相続税の納税猶予制度の特例制度（措法70の7の8）を適用している者（後継者）のことです。簡単にいえば，前年以前に特例制度を既に適用している者です。

図表5でいえば，父からの贈与について納税猶予を受けていて，その贈与の翌年以後に祖父からの贈与を受ける場合の祖父が2号の贈与者に該当します。

白井）ロは，贈与税の納税猶予制度の特例制度の適用を前提として先代経営者（1号の贈与者）からの贈与を受けた者（後継者）のことです。

図表5でいえば，同一年に父と祖父から贈与を受ける場合の祖父が2号の贈与者に該当します。もちろん，「第1項の規定の適用に係る贈与により当該特例認定贈与承継会社の非上場株式等の取得をしている者」となっているので，父からの贈与が先に行われなければなりません。

濱田）ハは，ロの相続税の特例制度適用版です。贈与を受ける年のその贈与前に，先代経営者から相続又は遺贈により株式を取得している者（後継者）です。この取得者が相続税の申告で納税猶予（特例制度）を受けることが前提です。

内藤）2号の規定は贈与者の要件を規定しているのですが，先行の移転の要件も含まれています。図表6でいえば，後継者2への贈与者が2号の贈与者になるかの判定に際し，先代経営者から後継者1への移転が必須となっている点です。

1号はこの先行の移転（贈与）の贈与者の要件だけを規定しているので，この違いは意識しておきたいですね。

岡野）条文の読み方という視点から一言補足させてください。

施行令の1号は「次号に掲げる場合以外の場合」とされているので，2号から読み解いていかなければ1号でいう「場合」というのが明らかになりません。しかし，2号ロでは「前号に定める者」というのが出てきて，1号の内容がわからなければ2号の内容が判明しないということになります。

つまり，条文の文言を追うだけでは条文で書かれていることの理解はむずかしく，何らかの仮定というか予測を立てて条文を読み進めるということも必要

といえるのです。

村木）そのような読み方をするためには，あらかじめ制度の概略を理解しておくことが必要ですね。贈与者には先代経営者とそれ以外の者の２種類があること。これを知っていれば，１号と２号に書かれている内容からこの２種類の贈与者のことだとわかります。

　それを念頭に読めば，１号が先代経営者である贈与者，２号が先代経営者以外の贈与者を規定していることに納得ができるはずです。

第**5**章

受贈者の要件

《扱う主な条文》

租税特別措置法70条の7の5第2項6号

想像力を発揮しよう

　人と同じように条文を読んでいても，理解の程度に差が出ることがあります。これは，読んでいる人ごとに想定できる場面が違うからです。

　何度も読み返していくと，あるとき急に視界が広がったように条文を理解できるようになることがあります。そのようになるきっかけが想像力です。

　自分の思考を広げて，条文を読んでみましょう。

1 特例経営承継受贈者の各要件

内藤）この章では，受贈者の要件を確認してみます。

　受贈者の要件は，措置法70条の7の5第2項6号の「特例経営承継受贈者」の用語として定められています。ざっと要件とその内容を示すと**図表1**のようになります。

> **租税特別措置法**
> **（非上場株式等についての贈与税の納税猶予及び免除の特例）**
> **第70条の7の5第2項**
> 　六　特例経営承継受贈者　特例贈与者から前項の規定の適用に係る贈与により特例認定贈与承継会社の非上場株式等の取得をした個人で，次に掲げる要件の全てを満たす者（**その者が2人又は3人以上ある場合には，当該特例認定贈与承継会社が定めた2人又は3人までに限る。**）をいう。

白井）特例経営承継受贈者は，1人だけでなく，会社（特例認定贈与承継会社）が定めれば最大3人まで定めることができるのですね。

内藤）会社が定めるとなっていますが，どのように定めるのでしょうか。

濱田）これは⑧の特例後継者要件（6号チ）と重なります。特例後継者要件は特例承継計画に後継者と記載されていることという要件ですが，ここに1人だけ記載があればその1人が，2人又は3人の記載があればその2人又は3人が，会社が定めた者になります。

岡野）では6号のイから順番に各要件を見ていきましょう。

【図表1】 特例経営承継受贈者の要件

要　件	内　容	根　拠
① 受贈時年齢要件	贈与の日において20歳以上であること。	措法2項6号イ
② 受贈時代表者要件	贈与の時において代表権を有すること。	措法2項6号ロ
③ 同族グループ議決権50％超要件	贈与の時において受贈者の属する同族グループの議決権割合が50％超であること。	措法2項6号ハ 措令14項, 措令11項
④ 同族グループ内筆頭株主要件	贈与の時において受贈者の属する同族グループ内の筆頭株主等であること。	措法2項6号ニ(1)(2) 措令14項, 措令11項
⑤ 株式継続保有要件	申告書提出期限まで株式を継続保有すること。	措法2項6号ホ
⑥ 贈与日役員要件	贈与日まで引き続き3年以上役員であること。	措法2項6号ヘ 措規10項, 措規9・10項
⑦ 重複適用排除要件	贈与を受けた会社の株式について一般制度の適用を受けていないこと。	措法2項6号ト
⑧ 特例後継者要件	特例承継計画に特例後継者として記載がされていること。	措法2項6号チ 措規11項

　措法：租税特別措置法70条の7の5

　措令：租税特別措置法施行令40条の8の5

　措令：租税特別措置法施行令40条の8

　措規：租税特別措置法施行規則23条の12の2

　措規：租税特別措置法施行規則23条の9

村木） まず，6号本文を見てみましょう。「特例経営承継受贈者」とは，贈与税の納税猶予制度の特例制度の適用を受けるために株式の贈与を受けた者で，以下のイからチの要件の全てを満たす者のことだとされています。

> **租税特別措置法**
> **第70条の7の5第2項第6号**
> 　イ　当該個人が，当該贈与の日において20歳以上であること。

　まず，イの①受贈時年齢要件です。民法の成人年齢の引下げに伴い，令和4年（2022年）4月1日以後の贈与は18歳に引き下げられます。未成年者を後継者にすることはまずあり得ないと思いますので，実務上，重要性は低い要件でしょうね。

濱田）とはいえ，この要件は受贈時点で20歳以上になっていないといけないという意味では重要ですね。

内藤）なるほど，現時点では20歳未満であっても，20歳時に他の要件を満たすようにしておく必要もあるかもしれないので，計画立案段階では，考慮すべきことなのですね。

> 　ロ　当該個人が，当該贈与の時において，当該特例認定贈与承継会社の代表権（**制限が加えられた代表権を除く。次条及び第70条の7の8において同じ。**）を有していること。

村木）6号ロは②受贈時代表者要件です。贈与の時において，制限のない代表権を有していることという要件です。逆にいえば，贈与者はこの時点で代表権を有していてはいけません。贈与前に代表者を変更しておく必要があります。

白井）6号ハは③同族グループ議決権50％超要件です。贈与時において，受贈者とその同族関係者の議決権割合が総議決権の50％を超えることという要件です。

　ハ　当該贈与の時において，当該個人及び当該個人と政令で定める特別の関係がある者の有する当該特例認定贈与承継会社の非上場株式等に係る議決権の数の合計が，当該特例認定贈与承継会社に係る総株主等議決権数（**総株主（株主総会において決議をすることができる事項の全部につき議決権を行使することができない株主を除く。）又は総社員の議決権の数をいう。ニ(2)，次条及び第70条の7の8において同じ。**）の100分の50を超える数であること。

濱田）同族グループの範囲は「当該個人及び当該個人と政令で定める特別の関係がある者」とされています。これは特定贈与者の判定の際の同族グループの範囲と同じ解釈ですね。

　つまり，判定基準となる「当該個人」が贈与者ではなく受贈者になりますが，「当該個人と政令で定める特別の関係がある者」の範囲は同じです。すなわち，施行令40条の8の5第14項で準用する施行令40条の8第11項による範囲となるわけです（第4章参照）。

白井）この同族グループの範囲については，常に誰を基準として考えるかというのが基本ですが重要な点ですね。贈与者から見た同族グループと受贈者から見た同族グループが一致しているとは限りません。

村木）例えば，親族外承継の場合は，贈与を機に同族グループが入れ替わることになります。

岡野）同族の範囲は株式の贈与などでよく出てくる論点ですから，税理士には当然ですが，不慣れな人だと間違えるかもしれませんね。

内藤）④同族グループ内筆頭株主要件はいったん飛ばして，6号ホの⑤株式継続保有要件です。

　ホ　当該個人が，当該贈与の時から当該贈与の日の属する年分の贈与税の申告書の提出期限（**当該提出期限前に当該個人が死亡した場合には，その死亡の日**）まで引き続き当該贈与により取得をした当該特例認定贈与承継会社の特例対象受贈非上場株式等の全てを有していること。

　こちらは，贈与税の申告書の提出期限まで引き続き贈与を受けた株式の全てを所有していることを要求するものです。贈与を受けた株式の譲渡は期限確定事由になるのですから，あえてここで規定する必要はないと思うのですが。

村木）確かに株式の譲渡は期限確定事由ですが，これはあくまでも納税猶予がされている特例経営承継期間や特例経営承継期間後の時期の話です。特例経営承継期間の開始日は，贈与税の申告書の提出期限の翌日で，贈与税の申告書提出日の翌日でないことに注目してください（措法70の7の5②七）。

濱田）つまり，申告時点から提出期限までに譲渡をした場合，期限確定事由に該当しないので，こちらの要件で制度の穴埋めをしているのでしょうね（**図表2**参照）。

【図表2】株式の譲渡の時期と納税猶予制度

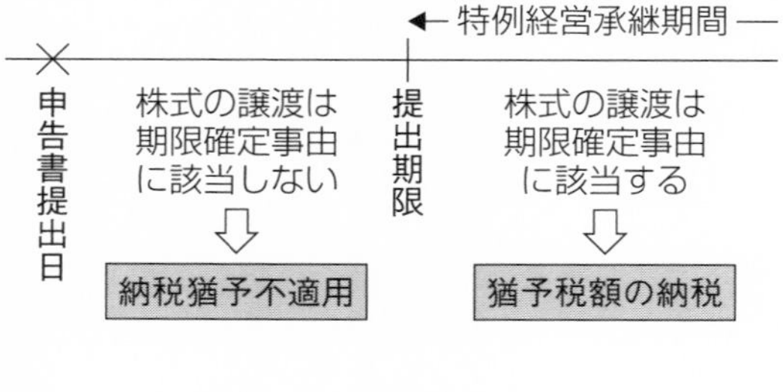

岡野）6号への⑥贈与日役員要件は，贈与日まで引き続き3年以上その会社の役員であることという要件です。

　　ヘ　当該個人が，当該贈与の日まで引き続き3年以上にわたり当該特例認定
　　　贈与承継会社の役員その他の地位として財務省令で定めるものを有してい
　　　ること。

　役員の範囲については施行規則23条12の2第10項により準用する施行規
則23条の9第9項により，会社法329条1項に規定する役員をいいます。つ
まり，取締役，会計参与及び監査役がここでいう役員になります。

内藤）ここでも，現時点では役員になっていない後継者候補を役員に就任させ
ておくべきという助言を行うかどうかが，実務的には重要になりますね。時間
はお金では買えないという話の典型例になる可能性があります。

白井）6号トは⑦重複適用排除要件です。

　　ト　当該個人が，当該特例認定贈与承継会社の非上場株式等について第70条
　　　の7第1項，第70条の7の2第1項又は前条第1項の規定の適用を受けて
　　　いないこと。

　受贈者が今回贈与を受けた会社の株式について，贈与税の納税猶予制度（一
般制度），相続税の納税猶予制度（一般制度），贈与税の納税猶予に係る贈与者
の死亡に伴う相続税の納税猶予制度（一般制度）の適用を受けていないことと
いう要件です。

濱田）同一の会社の株式について，同一人が一般制度と特例制度を使うことが
できないのですね。例えば，**図表3**のように，平成28年に父からの贈与で一
般制度を適用している場合は，残りの株式について特例制度の併用はできない
と。

【図表3】 一般制度と特例制度の併用（その1）

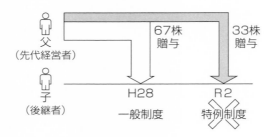

村木）図表4は相続で一般制度を利用している図です。この場合も，母からの贈与には特例制度が使えませんね。

【図表4】 一般制度と特例制度の併用（その2）

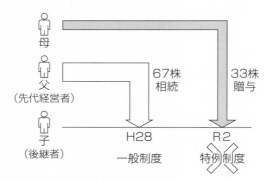

　しかし，ここで注意していただきたいのは，特例制度間には重複適用排除要件はワークしないということです。

岡野）図表4の前提を変えて，父（先代経営者）の相続について特例制度を適用している場合には，母からの贈与は追随贈与として納税猶予制度の特例制度が受けられるのですね。

内藤）なるほど。すると，図表３の場合も，父（先代経営者）からの最初の贈与について特例制度を使っていれば，後の贈与についても特例制度が受けられるのですね。

白井）残念ながらダメですね。第３章で扱いましたが，措置法70条の７の５第１項の「特例贈与者」のカッコ書きに「既にこの項の規定の適用に係る贈与をしているものを除く」とあるとおり，同一者からの２回目の贈与については特例制度は受けられません。

岡野）この規定（６号ト）だけを見て適用を受けられるような気になってしまうのも仕方ないと思いますよ。ただ，特例制度は，複数の贈与者と最大３人の後継者が存在することがあり，このような場合，贈与者と受贈者の関係が複雑になります。贈与者視点と受贈者視点との両方での要件確認が必要といえるでしょう。

濱田）ちなみに，条文では「当該特例認定贈与承継会社の非上場株式等について」となっているので，別会社であれば問題ないですね。
　例えば，Ａ社とＢ社の両方の経営者であった父が子に事業承継をするにあたって，Ａ社株式については一般制度を過去に適用していて，今回のＢ社株式の贈与については特例制度を使うということは可能です。

村木）６号チの⑧特例後継者要件は，受贈者が円滑化法施行規則16条１項１号ロの特例後継者であることという要件です。簡単にいえば，確認を受けた特例承継計画に記載された後継者であることといえるでしょう。

> チ　当該個人が，当該特例認定贈与承継会社の経営を確実に承継すると認められる要件として財務省令で定めるものを満たしていること。

② 同族グループ内筆頭株主要件：受贈者が1人の場合

内藤）そして，残った④同族グループ内筆頭株主要件です。

岡野）これは株式を取得した個人（後継者）が同族グループで筆頭株主であることという要件です。この要件は，想像力を豊かにしないと理解しにくいので，具体例を出しながら見ていきたいと思います。

> ニ　次に掲げる場合の区分に応じそれぞれ次に定める要件を満たしていること。
>
> (1)　当該個人が1人の場合
>
> 当該贈与の時において，当該個人が有する当該特例認定贈与承継会社の非上場株式等に係る議決権の数が，当該個人とハに規定する政令で定める特別の関係がある者のうちいずれの者（**当該個人以外の前項，次条第1項又は第70条の7の8第1項の規定の適用を受ける者を除く。(2)において同じ。**）が有する当該特例認定贈与承継会社の非上場株式等に係る議決権の数をも下回らないこと。
>
> (2)　当該個人が2人又は3人の場合
>
> 当該贈与の時において，当該個人が有する当該特例認定贈与承継会社の非上場株式等に係る議決権の数が，当該特例認定贈与承継会社の総株主等議決権数の100分の10以上であること及び当該個人とハに規定する政令で定める特別の関係がある者のうちいずれの者が有する当該特例認定贈与承継会社の非上場株式等に係る議決権の数をも下回らないこと。

白井）まず，先代経営者から1人の後継者への贈与の場合の判定です。この場合は6号ニ(1)により同族グループ内筆頭株主要件を判定します（**図表5**参照）。

　規定は，「当該贈与の時において，当該個人が有する…議決権の数が，当該個人と八に規定する政令で定める特別の関係がある者のうちいずれの者…が有する当該特例認定贈与承継会社の非上場株式等に係る議決権の数をも下回らないこと」とされており，「贈与の時において」同族グループ内で筆頭株主であれば要件を満たすことになります。

【図表5】同族グループ内筆頭株主判定（受贈者1人・先行の贈与）

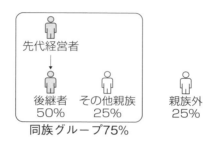

岡野）「当該贈与の時において，当該個人が有する…議決権の数が，…いずれの者…が有する…議決権の数をも下回らないこと」は，受贈者が贈与時，つまり，贈与が終わったその瞬間に，同族グループ内筆頭株主になっていることを要求しているわけですね。

濱田）「贈与の時において」というのは，「受贈の時において」と書いてくれれば，申告する受贈者目線で統一されわかりやすいのですけど，やむを得ませんね。

白井）「当該個人」も，ちょっと注意しておきたいですね。後継者たる受贈者のことですが，うっかりすると贈与者と誤読しかねません。

内藤）「特別の関係がある者のうちいずれの者」のカッコ書きとして，「当該個人以外の前項，次条第1項又は第70条の7の8第1項の規定の適用を受ける

者を除く。(2)において同じ。」がありますが，これはどのような場面を想定しているものなのでしょうか。

村木）筆頭株主判定を行うときに除外する人を規定しているものが，このカッコ書きです。ここで除外されるのは❶70条の7の5第1項の規定の適用を受ける者，❷70条の7の6第1項の規定の適用を受ける者，❸70条の7の8第1項の規定の適用を受ける者です。

岡野）❶は贈与税の納税猶予制度の特例制度，❷は相続税の納税猶予制度の特例制度，❸は贈与税の納税猶予制度（特例制度）に係る贈与者死亡に伴う相続税の納税猶予制度（特例制度）のことです。
　いずれも先行の移転について特例制度の適用者がいる場合の，追随贈与が適用場面です。❶を前提に具体例を示しましょう。**図表6**をご覧ください。

【図表6】同族グループ内筆頭株主判定（受贈者1人・追随贈与）

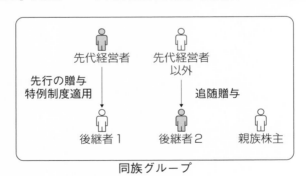

白井）図表6には後継者が2人いるのですが，先代経営者からの先行の移転（ここでは贈与）を受けているのは後継者1だけで，後継者2は先代経営者以外からの追随贈与という設定ですね。

村木） そして，後継者１は，先代経営者からの先行の贈与について❶贈与税の
納税猶予制度の特例制度を適用している，又は適用するということです。

　ちなみに，先代経営者から後継者１の先行の贈与についての同族グループ内
筆頭株主要件の判定は，カッコ書きの適用場面はなく，単純に後継者１，先代
経営者以外，親族株主の中で筆頭株主であるかどうかにより行います。

岡野） これに対し，カッコ書きが適用されるのは，先代経営者以外から後継者
２への贈与についての同族グループ内筆頭株主要件の判定のときです。

濱田） 会社単位で見れば受贈者として後継者１と後継者２が存在するのですが，
６号ニ(1)(2)の区分けは特例贈与者１人について受贈者が何人いるかにより行う
のですね。

内藤） ちょっと待ってください。後継者たる受贈者が２人いるので，(2)による
のではないでしょうか。

村木） ここは，６号柱書き（69ページ）に戻って確認していただく必要があり
ます。

　「特例経営承継受贈者」とは，「特例贈与者から…贈与により…株式等の取得
をした個人」をいい，二の(1)でも(2)でも「当該個人」，「当該贈与」となってい
ます。したがって，(1)受贈者１人，(2)受贈者複数のメルクマールは，特例贈与
者単位です。

　特例贈与者が違えば，それぞれの贈与者ごとに特例経営承継受贈者に該当す
るかどうかの判定をします。

岡野） なので，先代経営者以外から後継者２への贈与は(1)で判定すればいいの
です。

白井）通達でもその旨を示していますね。

租税特別措置法関係通達
（特例経営承継受贈者を判定する場合等の議決権の数の意義）
70の7の5－10
（本文省略）
（注）　1　同号ニ(1)又は(2)のいずれの場合に該当するかは，同一の特例贈与者
　　　　　から同一の特例認定贈与承継会社に係る非上場株式等を同条第1項の
　　　　　規定の適用に係る贈与により取得した個人の数によることに留意する。

　つまり，図表6の場合，後継者2の議決権数が総議決権数の10％以上であ
り，かつ，親族株主の議決権数以上であればこの要件を満たすことになります。

内藤）なるほど。先行の移転について❶❷❸の特例制度の適用を受ける場合，
又は受けている場合の追随贈与では，その適用に係る後継者を同族グループ内
から除いたところで筆頭株主になればいいのですね。

③ 同族グループ内筆頭株主要件： 受贈者が２人又は３人の場合

村木） 次に，１人の贈与者から２人又は３人の後継者への贈与の場合です。この贈与にも，先行の贈与（**図表７**）と追随贈与（**図表８**）の２つがあります。

【図表７】 同族グループ内筆頭株主判定（受贈者複数・先行の贈与）

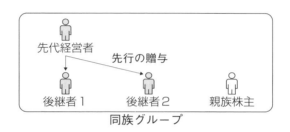

【図表８】 同族グループ内筆頭株主判定（受贈者複数・追随贈与）

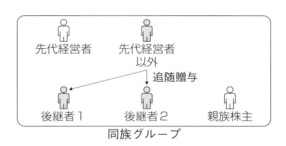

いずれの場合も，まず，贈与時の議決権割合が10％以上必要とされます。

岡野） その上で，特例制度の適用を受ける者を同族グループから除いて筆頭株主であることが必要です。

　条文では「特別の関係がある者のうちいずれの者が有する当該特例認定贈与承継会社の非上場株式等に係る議決権の数をも下回らないこと」となっていますが，いずれの者からは(1)のカッコ書きにより特例制度の適用を受ける者が除かれ，除かれたところのいずれの者の議決権の数も下回らないということ，つまり，他の後継者以外の筆頭株主であることという意味になります。

濱田）以上をまとめると**図表9**のようになりますね。注意点としては，繰り返しになりますが，受贈者の人数は贈与者別にカウントすることです。

【図表9】　受贈者人数別の同族グループ内筆頭株主要件の判定

同族グループ内筆頭株主要件の判定	特例制度の適用を受ける受贈者	
	1人	2人又は3人
判定の除外者	特例制度適用（予定）者	特例制度適用（予定）者
議決権割合	－	10%以上

内藤）この場合，納税猶予制度の適用を受けない受贈者がいるとしたなら，その人は受贈者の人数に含めるのでしょうか。

村木）含めません。今回の贈与者からの贈与により納税猶予制度の特例制度の適用を受けることの判定ですから，「当該個人」というのは，その資格を持った後継者のみで判定を行うことになります。

白井）つまり，特例承継計画に記載されていない者が株式を取得してもその者はカウントしないということですね。
　ただ，特例承継計画に記載はされているものの，他の要件を満たさない後継者を含めるかどうかは条文からは判断しにくいのですが，いずれにしても要件を満たす後継者は同族グループ内の筆頭株主でなければならないので，あまり影響はないのかもしれません。

岡野）あと，この判定で注意したいのが判定の時期です。同一の贈与者からの贈与については，その贈与者は同一年中であれば１項２つ目のカッコ書きの「既にこの項の規定の適用に係る贈与をしているもの」に該当しないということでしたね（第３章参照）。

　ですから，同一年中に複数の後継者へ贈与している場合は，最後の贈与時で判定を行います。

租税特別措置法関係通達
（特例経営承継受贈者を判定する場合等の議決権の数の意義）
70の７の５－10
（本文省略）
（注）　２　同号ハ及びニの要件の判定は，同号の贈与直後の株主等の構成により行うのであるが，同号ニ⑵に掲げる場合に該当する場合において，同号の贈与が異なる時期に行われたときには，同号ニ⑵に定める要件のうち「当該個人とハに規定する政令で定める特別の関係がある者のうちいずれの者が有する当該特例認定贈与承継会社の非上場株式等に係る議決権の数をも下回らないこと」の判定における特例贈与者の有する議決権の数については，当該贈与のうち最後に行われた贈与直後に有する議決権の数によることに留意する。

　なので，複数の贈与者からの贈与を予定している場合は，筆頭株主要件を満たすように贈与順序を調整する必要があります。

内藤）図表10でいえば，先代経営者から後継者１と後継者２への贈与についての同族グループ内筆頭株主要件は，８月10日の贈与時点で行うのですね。

【図表10】 同族グループ内筆頭株主判定時期

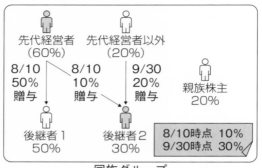

濱田）はい，後継者１は要件をクリアしますが，後継者２は問題が生じます。後継者１を除いたところの筆頭株主は先代経営者以外と親族株主になるため，先代経営者から後継者２への贈与については，後継者２は特例経営承継受贈者になりません（**図表11**参照）。

【図表11】 持株関係の表１

	贈与前	8/10	9/30
先代経営者	60％		
先代経営者以外	20％	20％	
後継者１		50％	50％
後継者２		10％	30％
親族株主	20％	20％	20％

同族グループ内筆頭株主でない

村木）このようにならないために，先に先代経営者以外から後継者２への贈与を行い，先代経営者から後継者２への贈与を９月30日以後の年内，例えば10月15日にします。

　そうすれば，先代経営者以外からの贈与時の議決権割合が20％となり，後継者１を除き同族グループ内筆頭株主になります。もちろん先代経営者からの贈与についても要件を満たします（**図表12**参照）。

【図表12】 持株関係の表２

	贈与前	8/10	9/30	10/15
先代経営者	60％	10％	10％	
先代経営者以外	20％	20％		
後継者１		50％	50％	50％
後継者２			20％	30％
親族株主	20％	20％	20％	20％

内藤）先代経営者以外から後継者２への贈与を，先代経営者からの贈与と同時に行う方法はどうでしょう。そうすれば，判定時の議決権割合が30％になり，後継者１を除いて同族グループ内筆頭株主になります。

岡野）これはダメです。先代経営者からの贈与は他の者からの贈与に対し，常に先行する必要があります。円滑化法でいう第一種特例経営承継贈与（先代経営者からの贈与）と第二種特例経営承継贈与（先代経営者以外からの贈与）を同時に行うことはできません（円滑化法規則６①十三ヌ）。

濱田）いずれにせよ，複雑な持株関係となっている場合は，表などを使って整理したほうがいいでしょうね。

白井）もう１つ，同族グループ内筆頭株主要件の判定で誤りやすい例を紹介します。
　図表13をご覧ください。この場合，先代経営者から後継者への贈与は納税猶予の対象となるでしょうか。

【図表13】 同族外株主がいる場合の判定

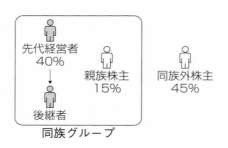

内藤） 同族グループで50％超ありますが、贈与後の後継者の議決権割合40％は同族外株主の45％より少なく、筆頭株主でないので、納税猶予は適用できませんね。

村木） ありがとうございます。期待していたとおりの回答です。答えは、「納税猶予は適用できる」です。

　筆頭株主要件は、あくまでも同族グループ内で筆頭株主であることという要件ですから、同族グループ外の株主のことは考慮する必要はありません。

濱田） 私も、村木さんから教わるまで、間違えて理解していました。図表１の要件名で「④同族グループ内筆頭株主要件」と書いてあるとおり理解しておかないといけませんね。

岡野） まあ、税理士の試験問題ならこのような事例を作ることができますが、実際はあまりないでしょう。

　ただ、歴史の長い会社では過去の株式分散により持株関係が複雑になっているケースもあります。そのような会社で納税猶予制度の適用を検討している場合は、事前に持株関係を整理したり、順序を考えて贈与をしたりすることが必要でしょうね。

第 6 章

期限確定事由

《扱う主な条文》

租税特別措置法 70 条の 7 第 3 項・第 11 項, 70 条
の 7 の 5 第 3 項・第 6 項・第 8 項

租税特別措置法施行令 40 条の 8 の 5 第 20 項

租税特別措置法施行規則 23 条の 9 第 20 項, 23 条
の 12 の 2 第 17 項

円滑化法施行規則 20 条

条文を確認する癖をつけよう

　最近は, 国税庁がホームページに多くの情報を上げたり, 解説本も充実したりして, 条文を読まなくても多くの実務がこなせるようになっています。ただ, これらの情報が全ての要件を網羅しているかといえば, 時にはそうでないこともありえます。

　絶対に間違えてはならないようなものについては, 必ず条文に当たって要件を確認したいものです。

［1］　期限確定事由の規定箇所

内藤） 関与先から納税猶予制度を使ったほうがいいかどうか相談されたときに，まずデメリットとして話さなければならないのが納税猶予の打切りです。

岡野） 猶予されている税額に加え，猶予されていた期間中の利子税の負担もあります。そもそも納税資金がない人が納税猶予を使うわけなので，突然納税しろと言われても困ることが想定できますからね。

村木） この章では，納税猶予が打ち切られる事由，つまり，期限確定事由を読んでいきたいと思います。

白井） 期限確定事由は措置法70条の7の5第3項に規定されています。

濱田） えっ，たった1つの項だけですか。一般制度では確か3つの項に分けられて規定されていた気がするのですが。

内藤） では，条文で3項を確認しましょう。

> **租税特別措置法**
> **（非上場株式等についての贈与税の納税猶予及び免除の特例）**
> **第70条の7の5**
> 3　第70条の7第3項（**第2号を除く。**），第4項及び第5項の規定は，第1項の規定による納税の猶予に係る期限の確定について準用する。この場合において，同条第3項第3号中「につき第1項」とあるのは「につき第70条の7第1項」と，同項第4号中「いずれかの者」とあるのは「いずれかの者（当

該特例経営承継受贈者以外の特例経営承継受贈者，第70条の7の6第1項の規定の適用を受ける同条第2項第7号に規定する特例経営承継相続人等及び第70条の7の8第1項の規定の適用を受ける同条第2項第1号に規定する特例経営相続承継受贈者を除く。)」と，同条第4項の表の第1号の上欄中「につき第1項」とあるのは「につき第70条の7第1項」と読み替えるものとする。

濱田）なるほど。一般制度（措法70の7）の3項，4項，5項を準用しているのですね。記憶は間違っていなかった。基本的には，一般制度と同じと考えてよさそうですね。

② 具体的な期限確定事由

白井）条文は省略しますが，一般制度の期限確定事由とその根拠条文の一覧を示すと**図表**のようになります。表中「左の期間後の期間」というのは経営贈与承継期間後の期間のことで，ここが空欄になっているものは，承継期間後の期間では期限確定事由でないということを示します。

　期限確定事由に該当すると，原則として全部期限確定となりますが，号数に網掛けがされているものは，事由に該当した一部の株式に対応する部分だけ期限確定となります。

【図表】一般制度の期限確定事由と根拠条文

期限確定事由	期限確定基準日	根拠条文	
		経営贈与承継期間	左の期間後の期間
① 代表権喪失	喪失日	法3項1号	
② 雇用維持要件未達成	従業員数確認期間の末日	法3項2号	
③ グループ議決権50％以下	50％以下となった日	法3項3号	
④ グループ内筆頭株主非該当	非該当となった日	法3項4号	
⑤ 株式の一部譲渡等	譲渡等をした日	法3項5号	法5項2号
⑥ 株式の全部譲渡等	譲渡等をした日	法3項6号	法5項1号
⑦-1 会社の会社分割	会社分割の効力発生日	法3項7号 法5項5号	法5項5号
⑦-2 会社の組織変更	組織変更の効力発生日	法3項7号 法5項6号	法5項6号
⑧ 会社の解散	解散をした日	法3項8号	法5項1号

⑨	資産保有型会社・資産運用型会社該当	該当することとなった日	法 3 項 9 号	法 5 項 1 号
⑩	総収入金額零	零となった事業年度終了の日	法 3 項10号	法 5 項 1 号
⑪	資本金の額の減少等	その効力発生日	法 3 項11号	法 5 項 1 号
⑫	取りやめ届出書の提出	届出書提出日	法 3 項12号	法 5 項 1 号
⑬	合併消滅	合併効力発生日	法 3 項13号	法 5 項 3 号
⑭	株式交換完全子会社等	株式交換等効力発生日	法 3 項14号	法 5 項 4 号
⑮	非上場株式等非該当	該当しなくなった日	法 3 項15号	
⑯	風俗営業会社該当	該当することとなった日	法 3 項16号	
⑰-1	黄金株他者取得	有することとなった日	法 3 項17号 令25項 1 号	
⑰-2	議決権制限株式化	制限をした日	法 3 項17号 令25項 2 ・ 3 号	
⑰-3	他者代表権取得	代表権を有することとなった日	法 3 項17号 令25項 4 号	
⑱	猶予継続贈与	贈与をした日	法 4 項 1 号	
⑲	適格合併等	効力発生日	法 4 項 2 号	
⑳	継続届出書不提出	提出期限の翌日から 2 月を経過する日	法 9 ・11項	法 9 ・11項

（※）法は租税特別措置法70条の 7 ，令は租税特別措置法施行令40条の 8 。
　　　網掛けのないものは全部確定，網掛けのあるものは一部確定

岡野）一般制度における「経営贈与承継期間」を，特例制度では「特例経営贈与承継期間」と読み替えればいいのですね。

③　雇用維持要件の扱い

村木）はい。特例制度の期限確定事由は一般制度の規定を基本的には準用して
いるのでそうなります。

　しかし，措置法70条の7の5第3項で措置法70条の7第3項を準用する規
定の最初のカッコ書き「（第2号を除く。）」により，②雇用維持要件（3項2
号）は準用範囲から除かれているので，この要件を満たせなかったことを理由
として期限確定とはなりません。

濱田）雇用維持要件とは，簡単にいえば，特例経営承継期間内の各事業年度末
日の従業者数の平均値が，贈与時の従業者数の80％以上であるという要件で
すね。

内藤）特例制度においては，この要件は事実上撤廃されたと聞きましたが，こ
の条文を見る限り明らかに除外されています。事実上ではなく完全撤廃ではあ
りませんか。

白井）いえ。完全に廃止されているわけではありません。実際に80％未満と
なった場合の手続をみてみましょう。

　まず，円滑化法施行規則20条1項に基づき，80％を下回る数となった理由
について都道府県知事の確認を受けねばなりません。

　この確認を受けようとする場合には，様式27による報告書に，「その理由に
ついて認定経営革新等支援機関の所見の記載があり，理由が経営状況の悪化で
ある場合又は当該認定経営革新等支援機関が正当なものと認められないと判断
したものである場合には，当該認定経営革新等支援機関による経営力向上に係
る指導及び助言を受けた旨を記載」することになります。

円滑化法施行規則

（特例承継計画に係る報告）

第20条　第一種特例贈与認定中小企業者は，当該認定に係る有効期限において，当該認定に係る有効期間内に存する当該第一種特例贈与認定中小企業者の第一種特例贈与報告基準日におけるそれぞれの常時使用する従業員の数の合計を当該有効期間内に存する当該第一種特例贈与報告基準日の数で除して計算した数が，当該認定に係る贈与の時における常時使用する従業員の数に100分の80を乗じて計算した数（その数に１人未満の端数があるときは，その端数を切り捨てた数。ただし，当該贈与の時における常時使用する従業員の数が１人のときは，１人とする。）を下回る数となった場合には，その下回る数となった理由について都道府県知事の確認を受けなければならない。

（省略）

3　前２項の確認を受けようとする第一種特例贈与認定中小企業者又は第一種特例相続認定中小企業者は，当該認定に係る有効期限の末日の翌日から４月を経過する日までに，様式第27による報告書（前２項の下回る数となった理由について認定経営革新等支援機関の所見の記載があり，当該理由が経営状況の悪化である場合又は当該認定経営革新等支援機関が正当なものと認められないと判断したものである場合には，当該認定経営革新等支援機関による経営力向上に係る指導及び助言を受けた旨が記載されているものに限る。）に，当該報告書の写し１通を添付して，都道府県知事に提出するものとする。

内藤） その記載がない報告書を提出したり，そもそも報告書を提出しなかったりした場合にはどうなるのでしょうか。

村木） そのような場合は確認書が発行されません（円滑化法規則20⑭）。

岡野） この確認書は，納税猶予を継続するための手続である継続届出書の提出をする際の添付書類となっているのです（措法70の７の５⑥，措令40の８の

5⑳，措規23の12の2⑰）。

白井）その添付書類である確認書が添付できないということは，継続届出書の提出ができないということで，継続届出書の届出期限の翌日から2月を経過する日をもって納税猶予期限となるのです。

4 雇用維持要件が実質撤廃されていることを条文で確認できるか

濱田）う〜ん，ロジックはわかるのですが，条文でそうなっているか確認して納得したいですね。

　まず，継続届出書の提出義務が措置法70条の7の5第6項で，その提出ができないと期限確定となるとの規定が同条8項ですね。

租税特別措置法

第70条の7の5

6　第1項の規定の適用を受ける特例経営承継受贈者は，同項の規定の適用に係る贈与の日の属する年分の贈与税の申告書の提出期限の翌日から猶予中贈与税額に相当する贈与税の全部につき…納税の猶予に係る期限が確定する日までの間に経営贈与報告基準日が存する場合には，届出期限（…）までに，政令で定めるところにより引き続いて第1項の規定の適用を受けたい旨及び同項の特例対象受贈非上場株式等に係る特例認定贈与承継会社の経営に関する事項を記載した届出書を納税地の所轄税務署長に提出しなければならない。

（省略）

8　第70条の7第11項の規定は，第6項の届出書が届出期限までに納税地の所轄税務署長に提出されない場合について準用する。

この8項は一般制度の規定である措置法70条の7第11項を準用しています。

租税特別措置法

（非上場株式等についての贈与税の納税猶予及び免除）

第70条の7

11　第9項の届出書が届出期限までに納税地の所轄税務署長に提出されない場

合には，当該届出期限における猶予中贈与税額に相当する贈与税については，第1項の規定にかかわらず，当該届出期限の翌日から2月を経過する日（…）をもって同項の規定による納税の猶予に係る期限とする。

村木）継続届出書へ書類を添付することは措置法施行令40条の8の5第20項に規定されているのですが，確認書は財務省令，つまり措置法施行規則23条の12の2第17項5号に規定されています。

租税特別措置法施行令
（非上場株式等についての贈与税の納税猶予及び免除の特例）
第40条の8の5

20　法第70条の7の5第6項の規定により提出する届出書には，引き続いて同条第1項の規定の適用を受けたい旨及び次に掲げる事項を記載し，かつ，財務省令で定める書類を添付しなければならない。

（省略）

　五　その他財務省令で定める事項

租税特別措置法施行規則
（非上場株式等についての贈与税の納税猶予及び免除の特例）
第23条の12の2

17　施行令第40条の8の5第20項に規定する財務省令で定める書類は，特例対象受贈非上場株式等（…）に係る特例認定贈与承継会社に係る次に掲げる書類（**その経営贈与報告基準日** *（…）* **が，法第70条の7の5第2項第7号イ又はロに掲げる日のいずれか早い日以前である場合には第2号に掲げる書類を除き，当該いずれか早い日の翌日以後である場合には第4号に掲げる書類を除く。**）とする。

（省略）

　五　その経営贈与報告基準日が法第70条の7の5第2項第7号に規定する特

> 例経営贈与承継期間の末日である場合において，円滑化省令第20条第1項
> …に規定する場合に該当するときは，同条第3項の報告書の写し及び当該
> 報告書に係る同条第14項の確認書の写し

濱田） 雇用維持要件は手続を失念することにより期限確定となるのですね。稀
なケースかもしれませんが，雇用維持要件を満たせなかったことを事由に期限
確定もありうるので，一般には「実質撤廃」と表現されているのですね。

内藤） しかし，ここまで自力でたどり着くのは至難の業ではありませんか。大
体，税法をちゃんと読む税理士もそれほど多くない印象ですし，さらに円滑化
法まで読み込む税理士なんて，相当マニアックですよね。結論を知っていても，
条文を探すのにかなり時間を要しました。

岡野） ただ，一度条文を追っておけば十分でしょう。何となく結論だけを覚え
ているのと，確かに確認したという実績があるのとでは，発言の自信度合いが
格段に違いますから。

白井） そうですね。自分の目で条文を読んで自分で解釈して出した結論は，自
分の宝です。その結論が条文の趣旨と合致するものであれば，より強固な理解
となります。

濱田） 期限確定事由は一般制度でいえば3項から5項のみに規定されているも
のだと思っていましたが，それ以外のところにも期限確定事由があるなんて
ビックリしました。

⑤　列挙されていない期限確定事由ほか

内藤） この雇用維持要件以外は一般制度と特例制度は同じなので，特に目新しい論点はないと思いますが，注意すべき点はありますか。

岡野） 列挙されていない期限確定事由としては，まあレアケースなのですが，不正な手段等により認定を受けていた場合が発覚したときの認定の取消しがあります。

濱田） なるほど。そもそも，円滑化法の認定が納税猶予制度の前提ですが，円滑化法レベルで認定が取り消されれば，措置法で規定をするまでもなく納税猶予は取り消されるのですね。

村木） あと，条文を読めば間違えることは絶対ないのですが，一覧表や伝聞だけでわかったつもりになっている人が間違える点として，図表の⑬合併消滅が挙げられます。
　特例認定贈与承継会社が合併で消滅した場合は期限確定事由に該当しますが，適格合併は除外されるのです。

租税特別措置法
第70条の7第3項

　十三　当該対象受贈非上場株式等に係る認定贈与承継会社が合併により消滅した場合（当該合併により当該認定贈与承継会社に相当するものが存する場合として財務省令で定める場合（次項の表の第2号の上欄において*「適格合併をした場合」*という。）を除く。）　当該合併がその効力を生じた日

濱田）この適格合併をした場合の「適格合併」を法人税法でいう「適格合併」と勘違いする人が結構いるのですね。

内藤）実は，私も最初はそう思っていました。でも調べてみると，法人税でいう適格合併とは全く別のものでした。

岡野）施行規則23条の９第20項に「適格合併をした場合」の要件を定めています。

　簡単にいえば，認定贈与承継会社の合併法人である「合併承継会社」が認定贈与承継会社と同一視できる場合（１号）であって，後継者が合併承継会社の代表者であり（２号），合併承継会社について同族グループ議決権50％超要件と同族グループ内筆頭株主要件を満たし（３・４号），合併に際して合併法人株式以外の資産の交付がされていないこと（５号）です。

租税特別措置法施行規則
（非上場株式等についての贈与税の納税猶予及び免除）
第23条の９

20　法第70条の７第３項第13号に規定する財務省令で定める場合は，同号の合併がその効力を生ずる日において次に掲げる要件の全てを満たしている場合とする。

一　当該合併に係る合併承継会社が法第70条の７第２項第１号イからへまでに掲げる要件を満たしていること。

二　法第70条の７第１項の規定の適用を受ける経営承継受贈者が前号の合併承継会社の代表権（**制限が加えられた代表権を除く。以下この条において同じ。**）を有していること。

三　前号の経営承継受贈者及び当該経営承継受贈者と法第70条の７第２項第３号ハに規定する特別の関係がある者の有する第１号の合併承継会社の非上場株式等（**同項第２号に規定する非上場株式等をいう。以下この条にお**

いて同じ。）に係る議決権の数の合計が，当該合併承継会社に係る同項第
3号ハに規定する総株主等議決権数（**以下この条において「総株主等議決**
権数」という。）の100分の50を超える数であること。

四　第2号の経営承継受贈者が有する第1号の合併承継会社の非上場株式等
に係る議決権の数が，当該経営承継受贈者と前号に規定する特別の関係が
ある者のうちいずれの者が有する当該合併承継会社の非上場株式等に係る
議決権の数をも下回らないこと。

五　当該合併に際して第1号の合併承継会社が交付しなければならない株式
及び出資以外の金銭その他の資産（**剰余金の配当等（*株式又は出資に係る剰*
余金の配当又は利益の配当をいう。次項第5号において同じ。）として交付される**
金銭その他の資産を除く。）の交付がされていないこと。

白井）条文の確認を怠らなければ間違えることはないのですが，手を抜くとダ
メですね。そして，誤ったアドバイスをすると，その代償はとてつもなく高く
つきます。

内藤）そのようなことも発生しかねないので，税賠保険の事前相談特約は付け
ておくべきですね。

村木）少し論点が違うような気がしますが，保険自体は入っておいたほうが税
理士業務は安心して行えますね。

第 7 章

贈与税の
納税猶予税額の計算

《扱う主な条文》

租税特別措置法 70 条の 7 第 14 項，70 条の 7 の 5
第 2 項・第 10 項

租税特別措置法施行令 40 条の 8 第 7 項・第 9 項・
第 12 項・第 14 項〜第 16 項，40 条の 8 の 5 第 6
項・第 8 項・第 15 項・第 16 項

施行令にも目を通そう

　施行令には，法律から包括的に委任している事項※がありますが，直接的に委任
しているものと比べ，気がつきにくいものです。これは，施行規則についても同様
です。

　条文を見るときは，本法だけでなく，施行令，施行規則にも目を通すようにしま
しょう。

　※例　租税特別措置法 70 条の 7 第 37 項
　　　　第 3 項から前項までに定めるもののほか，第 1 項の規定の適用に関し必
　　要な事項は，政令で定める。

1　納税猶予税額の計算構造

内藤） この章では，贈与税の納税猶予税額の規定を見てみたいと思います。

　贈与税の納税猶予税額，条文では「納税猶予分の贈与税額」と規定していますが，これは暦年課税による計算のほか，平成29年分の贈与から相続時精算課税による計算も使えるようになりましたね。

白井） はい。これらの課税方法間の有利不利はありましたが，平成31年度改正で解消されましたね。今回はこれらについては言及せず，「納税猶予分の贈与税額」の計算方法を確認します。

村木） 早速，規定のある措置法70条の7の5第2項8号を見てみましょう。計算方法が「イに掲げる場合」と「ロに掲げる場合」とに区分されていますが，「イに掲げる場合」は「ロに掲げる場合以外の場合」となっていますので，ロを先に見ます。

　ロは相続税法21条の9第3項の適用を受ける贈与の場合，つまり，相続時精算課税の適用を受ける場合になります。

濱田） したがって，イは暦年課税の適用を受ける場合となるのですね。

> **租税特別措置法**
> **（非上場株式等についての贈与税の納税猶予及び免除の特例）**
> **第70条の7の5第2項**
> 　八　納税猶予分の贈与税額　次のイ又はロに掲げる場合の区分に応じイ又は
> 　　ロに定める金額をいう。
> 　　イ　ロに掲げる場合以外の場合　前項の規定の適用に係る特例対象受贈非

上場株式等の価額（＃１）を前項の特例経営承継受贈者に係るその年分の贈与税の課税価格とみなして，相続税法第21条の５及び第21条の７の規定（＃２）を適用して計算した金額

　＃１　当該特例対象受贈非上場株式等に係る特例認定贈与承継会社又は当該特例認定贈与承継会社の特別関係会社であつて当該特例認定贈与承継会社との間に支配関係がある法人（＃１－１）が会社法第２条第２号に規定する外国会社（＃１－２）その他政令で定める法人の株式等（…）を有する場合には，当該特例認定贈与承継会社等が当該株式等を有していなかつたものとして計算した価額。ロにおいて同じ。

　＃１－１　イにおいて「特例認定贈与承継会社等」という。

　＃１－２　当該特例認定贈与承継会社の特別関係会社に該当するものに限る。

　＃２　第70条の２の４及び第70条の２の５の規定を含む。

ロ　前項の規定の適用に係る特例対象受贈非上場株式等が相続税法第21条の９第３項（第70条の２の６第１項，第70条の２の７第１項又は第70条の３第１項において準用する場合を含む。）の規定の適用を受けるものである場合　当該特例対象受贈非上場株式等の価額を前項の特例経営承継受贈者に係るその年分の贈与税の課税価格とみなして，同法第21条の12及び第21条の13の規定を適用して計算した金額

岡野） 暦年課税による場合の納税猶予分の贈与税額は，特例対象受贈非上場株式等の価額をその年分の贈与税の課税価格とみなして基礎控除（相法21の５，措法70の２の４）と税率（相法21の７，措法70の２の５）により計算します。

　つまり，その年における受贈財産を特例対象受贈非上場株式等のみとして計算した贈与税額が，納税猶予分の贈与税額になります。

内藤） 例えば，父から取得した特例対象受贈非上場株式等の価額が１億円だとすると，その年中における他の受贈財産の有無にかかわらず，（１億円－110万円）×55％－640万円＝約4,800万円が納税猶予分の贈与税額になるのですね。

白井）相続時精算課税による場合も同様に計算します。ただし，2,500万円の特別控除が使用済かどうかにより納税猶予分の贈与税額が変わってきます。

村木）例えば，既に特別控除が全額使用済みの場合は1億円×20%＝2,000万円となりますし，今回の贈与で初めて使う場合は（1億円－2,500万円）×20%＝1,500万円となるということですね。

② 特例対象受贈非上場株式等の価額から除かれるもの

内藤）これらの計算は，基本的には特例対象受贈非上場株式等の価額について行うのですが，＃1のカッコ書きでは，その価額から除外する例外規定が定められています。

　＃1の文の読点の前（「当該特例対象受贈非上場株式等に係る…有する場合には」）までが例外規定を適用する条件を，後が特例対象受贈非上場株式等の価額のうちなかったものとするものを規定しているのですね。

　＃1　　当該特例対象受贈非上場株式等に係る特例認定贈与承継会社又は当該特例認定贈与承継会社の特別関係会社であつて当該特例認定贈与承継会社との間に支配関係がある法人（＃1－1）が会社法第2条第2号に規定する外国会社（＃1－2）その他政令で定める法人の株式等（…）を有する場合には，当該特例認定贈与承継会社等が当該株式等を有していなかつたものとして計算した価額。ロにおいて同じ。

　＃1－1　イにおいて「特例認定贈与承継会社等」という。

　＃1－2　当該特例認定贈与承継会社の特別関係会社に該当するものに限る。

岡野）はい。まず前半をみると，納税猶予の対象となる「特例認定贈与承継会社」と「当該特例認定贈与承継会社の特別関係会社であつて当該特例認定贈与承継会社との間に支配関係がある法人」の二者が登場します。

　この二者をまとめて「特例認定贈与承継会社等」と定義し，「特例認定贈与承継会社等が…外国会社その他政令で定める法人の株式等…を有する場合」となっています。

　一見，誰が所有しているのかがわかりにくいのですが，**図表1**のように文章を図に整理してみるとわかりやすくなると思います。

【図表1】 前半の条件

特例認定贈与承継会社等 が外国会社その他政令で
　　　　　　　定める法人の株式等を有する場合
　┌─ ①　特例認定贈与承継会社
　└─ ②　特例認定贈与承継会社の 特別関係会社
　　　　であって当該特例認定贈与承継会社との間
　　　に 支配関係がある法人
　　　（特例認定贈与承継会社の子会社・孫会社）

白井）図表1の「②　特例認定贈与承継会社の 特別関係会社 であって当該特例認定贈与承継会社との間に 支配関係がある法人 」というのは，条文を読み解いていけば，「特別関係会社」は措置法70条の7の5第2項1号ハのカッコ書き（政令で定める特別の関係がある会社）→措置法施行令40条の8の5第6項→措置法施行令40条の8第7項へと，「支配関係」は措置法70条の7の5第2項1号ホのカッコ書き（政令で定める関係）→措置法施行令40条の8の5第8項→措置法施行令40条の8第9項へと行き着きます。

村木）ここで，「特別関係会社」と「支配関係がある法人」というのは，ともに50％超の要件を満たすこととなるので，同じような法人のことをいっているように思えます。

　しかし，「特別関係会社」は議決権割合が50％超であることに対し，「支配関係がある法人」は株式等の保有割合が発行済株式等の50％超であることとなっています。

濱田）それに，そもそもこれらの割合の判定基準となる者が，「特別関係会社」は①特例認定贈与承継会社，②その会社の代表者，及び③その代表者の親族会社であるのに対し，「支配関係がある法人」は特例認定贈与承継会社のみであるという違いがあります。

内藤）なるほど。ハの「政令で定める特別の関係」（特別関係会社）とホの「政令で定める関係」（支配関係）は字面が似ているのですが，混同してはなりませんね。

岡野）これらの条文を読み解いていくと，曾孫会社も図表１の②の法人の範囲に含まれることになり，この法人を「特例認定贈与承継会社の子会社・孫会社」と表現することは正しくないこともあることがわかります。しかし，ここでは便宜的に「子会社・孫会社」というイメージで進めていきたいと思います。

租税特別措置法

第70条の７の５第２項第１号

ハ　当該会社（ハにおいて 「特定会社」 という。）の株式等及び 特別関係会社 （当該特定会社と 政令で定める特別の関係がある会社 をいう。以下この項において同じ。）…。

（省略）

ホ　当該会社の特別関係会社が会社法第２条第２号に規定する外国会社に該当する場合（当該会社又は当該会社との間に会社が他の法人の発行済株式若しくは出資（*当該他の法人が有する自己の株式等を除く。*）の総数若しくは総額の100分の50を超える数若しくは金額の株式等を直接若しくは間接に保有する関係として 政令で定める関係 （*第８号イ，次条及び第70条の７の８第２項において*「支配関係」*という。*）…。

租税特別措置法施行令

（非上場株式等についての贈与税の納税猶予及び免除の特例）

第40条の８の５

6　第40条の８第７項の規定は，法第70条の７の５第２項第１号ハに規定する 政令で定める特別の関係がある会社 について準用する。

（省略）

8　第40条の 8 第 9 項の規定は，法第70条の 7 の 5 第 2 項第 1 号ホに規定する 政令で定める関係 について準用する。

租税特別措置法施行令

（非上場株式等についての贈与税の納税猶予及び免除）

第40条の 8

7　法第70条の 7 第 2 項第 1 号ハに規定する 政令で定める特別の関係がある 会社 は，同号に規定する円滑化法認定を受けた会社，当該円滑化法認定を受けた会社の代表権を有する者及び当該代表権を有する者と次に掲げる特別の関係がある者（**第 6 号ハに掲げる会社を除く。**）が有する他の会社（**会社法第 2 条第 2 号に規定する外国会社を含む。**）の株式等に係る議決権の数の合計が，当該他の会社に係る総株主等議決権数の100分の50を超える数である場合における当該他の会社とする。

一　当該代表権を有する者の親族

二〜五　（省略）

六　次に掲げる会社

　イ　当該代表権を有する者（**当該円滑化法認定を受けた会社及び前各号に掲げる者を含む。以下この号において同じ。**）が有する会社の株式等に係る議決権の数の合計が，当該会社に係る総株主等議決権数の100分の50を超える数である場合における当該会社

　ロ　当該代表権を有する者及びイに掲げる会社が有する他の会社の株式等に係る議決権の数の合計が，当該他の会社に係る総株主等議決権数の100分の50を超える数である場合における当該他の会社

　ハ　当該代表権を有する者及びイ又はロに掲げる会社が有する他の会社の株式等に係る議決権の数の合計が，当該他の会社に係る総株主等議決権数の100分の50を超える数である場合における当該他の会社

（省略）

9　法第70条の 7 第 2 項第 1 号ホに規定する 政令で定める関係 は，会社が他

の法人の発行済株式又は出資（当該他の法人が有する自己の株式等を除く。以下この項において**「発行済株式等」**という。）の総数又は総額の100分の50を超える数又は金額の株式等を保有する場合における当該会社と他の法人との間の関係（以下この項において**「直接支配関係」**という。）とする。この場合において，当該会社及びこれとの間に直接支配関係がある一若しくは二以上の他の法人又は当該会社との間に直接支配関係がある一若しくは二以上の他の法人がその他の法人の発行済株式等の総数又は総額の100分の50を超える数又は金額の株式等を保有するときは，当該会社は当該その他の法人の発行済株式等の総数又は総額の100分の50を超える数又は金額の株式等を保有するものとみなす。

村木）つまり，納税猶予の対象となっている特例認定贈与承継会社とその子会社・孫会社が「外国会社」と「政令で定める法人」の株式等を有している場合に例外規定が発動することになります。ただし，＃1－2により，外国会社は特別関係会社に該当する場合に限っています。

岡野）この例外規定の発動要件をイメージすると**図表2**になります。

【図表2】 例外規定の発動要件のイメージ

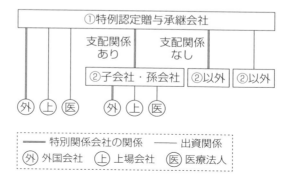

濱田）余談ですが，「外国会社その他政令で定める法人」は「その他の」ではなく「その他」ですから，「外国会社」は「その他政令で定める法人」の例示ではなく，特別関係会社であれば政令の内容に関係がなく発動要件に抵触するのですね。

内藤）その「その他政令で定める法人」というのはどのような法人と規定されているのですか。

岡野）措置法施行令40条の8の5第15項を見ると，40条の8第12項を準用することになっています。
　具体的には，上場会社の株式等を発行済株式の3％以上所有している場合のその上場会社と，医療法人の出資持分が50％超である場合の医療法人が該当します。

租税特別措置法施行令
第40条の8の5
15　第40条の8第12項から第15項までの規定は，法第70条の7の5第2項第8号に規定する納税猶予分の贈与税額の計算について準用する。

租税特別措置法施行令
第40条の8
12　法第70条の7第2項第5号イに規定する 政令で定める法人 は，認定贈与承継会社，当該認定贈与承継会社の代表権を有する者及び当該代表権を有する者と第7項各号に掲げる特別の関係がある者が有する次の各号（**当該認定贈与承継会社が資産保有型会社等に該当しない場合にあつては，第1号を除く。以下この項において同じ。**）に掲げる法人の株式等（…）の数又は金額が，当該各号に定める数又は金額である場合における当該法人とする。
　一　法人（医療法人を除く。）の株式等（**非上場株式等を除く。**）　当該法人

　　の発行済株式（…）又は出資の総数又は総額の100分の３以上に相当する
　　数又は金額
　二　医療法人の出資　当該医療法人の出資の総額の100分の50を超える金額

白井）この３％以上，50％超の判定は，特別関係会社の判定と同様に，①特
例認定贈与承継会社だけでなく，②特例認定贈与承継会社の代表者，及び③そ
の代表者の親族会社の所有割合の合計で判定をするので注意が必要です。

村木）特例認定贈与承継会社が資産保有型会社や資産運用型会社に該当しない
場合は，規制の必要がないので，たとえ上場会社の株式等を３％以上所有して
いても，「政令で定める法人」には該当しません。

濱田）まとめると，例外規定の発動要件に抵触する株式等というのは，①特別
関係会社である外国会社の株式等，②特例認定贈与承継会社が資産保有型会社
等であって，かつ，３％以上所有している場合の上場会社の株式等，それと③
50％超の持分を有している場合の医療法人の出資の３種類ですね（**図表３**参
照）。

【図表３】　例外規定の発動要件に抵触する３種類の法人の条件

法人の種類	該当する場合（納税猶予の対象外とされる場合）
外国会社	特別関係会社であれば常に該当（議決権割合50％超）
上場会社	資産保有型会社等に該当し，かつ，所有割合３％以上
医療法人	出資持分50％超

内藤）例外規定の発動要件に抵触した結果，これらの３つの法人の株式・出資
の価額はなかったものとして特例認定贈与承継会社の株式等の価額を計算する
ことになりますね。
　特例認定贈与承継会社が所有している場合は，これらの法人の株式・出資の

価額を特例対象受贈非上場株式等の価額から直接的に控除しますが，子会社・孫会社が所有している場合はどのように計算するのでしょうか。

岡野）子会社・孫会社の評価額を，これら３つの法人の株式・出資の価額がないものとして計算した金額となる，つまり，間接的に控除されることとなります。

濱田）結局のところ，これら３つの法人については，その株式の価額は特例対象受贈非上場株式等の価額に含まれないこととなるので，納税猶予の対象から除外されることになるのですね。どうして，除外しなければならなかったのでしょうか。

村木）国外資産には納税猶予を適用させないということで，外国会社の株式は除外されているのだと思います。ただし，特例認定贈与承継会社に海外支店があるなどで国外資産を有しても，その資産は対象外とならないので，平仄が取れていないともいえますね。

白井）上場会社はそもそも納税猶予制度の対象外です。しかし，非上場会社を上場会社の持株会社として，間接的に上場会社について納税猶予を受けるということも可能です。

岡野）このような租税回避行為を防止するため，資産保有型会社・資産運用型会社であれば，常時使用従業員５名以上などの実態要件を満たしていても，今まで見てきた＃１のカッコ書きにより，上場会社の株式等の価額に相当する部分については，納税猶予が実質的に受けられないこととしているのですね。

濱田）資産保有型会社・資産運用型会社であっても，この実態要件を満たしていれば特例認定贈与承継会社になることはできる。しかし，それとここでの除

外計算とを混同しないよう，注意が必要ですね。

村木）同様に，医療法人に対する出資を非上場会社に持たせることにより，医療法人の持分について納税猶予が受けられる可能性も出てきますが，全てを規制するのではなく，50％で線引きしたということでしょう。

内藤）子会社・孫会社のある会社について納税猶予を検討する場合は，より慎重な対応が必要ですね。

3 納税猶予税額の区分計算において準用する規定

内藤）さて，ここまでは，先代経営者から後継者への贈与という，比較的シンプルな形態を前提としていましたね。

　それと違って，**図表4**のように一の会社の特例対象受贈非上場株式等の贈与者が複数人であったり，2社以上の特例対象受贈非上場株式等を取得したりしている場合には，どのように納税猶予分の贈与税額の計算をするのでしょうか。措置法を見ましたが，私はその規定を見つけることができませんでした。

【図表4】 複数の者から複数の会社の株式を取得している場合

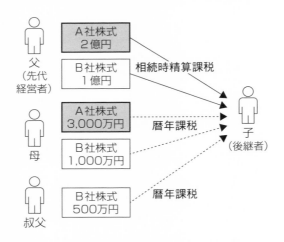

岡野）規定は，措置法施行令40条の8の5第15項にあります。といっても，これは一般制度の規定を準用すると宣言しているものですが。

租税特別措置法施行令

第40条の8の5（再掲）

15　第40条の8第12項から第15項までの規定は，法第70条の7の5第2項第8
　号に規定する納税猶予分の贈与税額の計算について準用する。

　準用する規定を示したものが**図表5**です。実際の計算は，14項と15項によ
ることになります。

【図表5】準用する規定とその内容

措置法施行令 40条の8	内　容
12項	対象受贈非上場株式等の価額から除外するもの（②）
13項	納税猶予分の贈与税額の端数処理
14項	贈与者又は認定贈与承継会社が二以上ある場合の納税猶予分の贈与税額の計算
15項	贈与者・認定贈与承継会社ごとの納税猶予分の贈与税額

白井）まず，14項を見てみると，「贈与…をした贈与者」又は「認定贈与承継
会社」が二以上ある場合の納税猶予分の贈与税額の計算規定であることがわか
りますね。

　1号が暦年課税の場合，2号が相続時精算課税の場合で，同項の1号又は2
号に定める額を，受贈者のその年分の贈与税の課税価格とみなして計算する旨
が規定されています。

租税特別措置法施行令

第40条の8

14　法第70条の7第1項に規定する対象受贈非上場株式等を同項の規定の適用
　を受ける経営承継受贈者に贈与（…）をした贈与者又は当該対象受贈非上場

株式等に係る認定贈与承継会社が二以上ある場合における納税猶予分の贈与税額の計算においては，次の各号に掲げる場合の区分に応じ当該各号に定める額を当該経営承継受贈者に係るその年分の贈与税の課税価格とみなす。

一　次号に掲げる場合以外の場合　当該対象受贈非上場株式等に係る経営承継受贈者がその年中において法第70条の7第1項の規定の適用に係る贈与により取得をした全ての認定贈与承継会社の対象受贈非上場株式等の価額（…）の合計額

二　当該対象受贈非上場株式等が相続税法第21条の9第3項の規定の適用を受けるものである場合　当該対象受贈非上場株式等に係る経営承継受贈者がその年中において法第70条の7第1項の規定の適用に係る贈与により取得をした全ての認定贈与承継会社の対象受贈非上場株式等の価額を特定贈与者（相続税法第21条の9第5項に規定する特定贈与者をいう。）ごとに合計した額（次項第2号ロにおいて「特定贈与者ごとの贈与税の課税価格」という。）のそれぞれの額

内藤）暦年課税の場合は，その年中において贈与により取得した全ての対象受贈非上場株式等の価額の合計額を課税価格とみなす（1号）のに対し，相続時精算課税の場合は，対象受贈非上場株式等の価額を特定贈与者ごとに合計した額を課税価格とみなす（2号）ことになるのですね。

村木）はい。相続時精算課税は贈与者ごとに制度適用するものなので，当然に，特定贈与者ごとに納税猶予分の贈与税額を計算することになります。

濱田）それに対し，暦年課税は，贈与者が複数いても，贈与者ごとに分けることはしないで，一括して納税猶予分の贈与税額を計算します。

内藤）図表4の例で計算してみます。まず暦年課税の場合ですが，母からのA社株式（3,000万円）とB社株式（1,000万円）と，叔父からのB社株式（500

万円）の合計額4,500万円を課税価格とみなし，これから110万円を控除した
金額に税率を適用して計算するのですね。

白井）このとき，母からの贈与は措置法70条の２の５第３項の特例贈与財産，
叔父からの贈与は一般贈与財産となるので，計算は少し複雑になります。計算
過程は省略しますが，結果は18,060,555円になります。

岡野）この18,060,555円を，贈与者の異なるものごとに，そして認定贈与承
継会社の異なるものごとに納税猶予分の贈与税額を計算することを規定してい
るのが次の15項です。

租税特別措置法施行令
第40条の８

15　前項の場合において，法第70条の７第１項に規定する対象受贈非上場株式
　　等に係る贈与者及び認定贈与承継会社の異なるものごとの納税猶予分の贈与
　　税額は，次の各号に掲げる場合の区分に応じ当該各号に定める金額とする。
　　この場合において，当該金額に100円未満の端数があるとき，又はその全額
　　が100円未満であるときは，その端数金額又はその全額を切り捨てる。
　　一　前項第１号に掲げる場合　イに掲げる金額にロに掲げる割合を乗じて計
　　　　算した金額
　　　イ　前項（**第１号に係る部分に限る。**）の規定を適用して計算した納税猶
　　　　予分の贈与税額
　　　ロ　法第70条の７第１項に規定する対象受贈非上場株式等に係る贈与者及
　　　　び認定贈与承継会社の異なるものごとの対象受贈非上場株式等の価額が
　　　　前項第１号に定めるその年分の贈与税の課税価格に占める割合
　　二　前項第２号に掲げる場合　イに掲げる金額にロに掲げる割合を乗じて計
　　　　算した金額
　　　イ　前項（**第２号に係る部分に限る。**）の規定を適用して計算した納税猶

予分の贈与税額

□　法第70条の7第1項に規定する対象受贈非上場株式等に係る贈与者及び認定贈与承継会社の異なるものごとの対象受贈非上場株式等の価額が特定贈与者ごとの贈与税の課税価格に占める割合

これに従い計算すると，**図表6**のようになります。

【図表6】贈与者ごと・会社ごとの納税猶予税額（暦年課税分）

母からのA社株式	$18{,}060{,}555 \text{円} \times \dfrac{3{,}000 \text{万円}}{4{,}500 \text{万円}} = 12{,}040{,}300 \text{円}$
母からのB社株式	$18{,}060{,}555 \text{円} \times \dfrac{1{,}000 \text{万円}}{4{,}500 \text{万円}} = 4{,}013{,}400 \text{円}$
叔父からのB社株式	$18{,}060{,}555 \text{円} \times \dfrac{500 \text{万円}}{4{,}500 \text{万円}} = 2{,}006{,}700 \text{円}$

白井）相続時精算課税の場合は，特定贈与者ごとに計算するのですが，図表4の例では父1人だけなので，人別計算は不要です。2億円＋1億円＝3億円を課税価格とみなし，特別控除額2,500万円を差し引いて，税率20%を適用して計算した5,500万円をA社株式とB社株式に割り振ります（**図表7**参照）。

【図表7】会社ごとの納税猶予税額（相続時精算課税分）

父からのA社株式	$5{,}500 \text{万円} \times \dfrac{2 \text{億円}}{3 \text{億円}} = 36{,}666{,}600 \text{円}$
父からのB社株式	$5{,}500 \text{万円} \times \dfrac{1 \text{億円}}{3 \text{億円}} = 18{,}333{,}300 \text{円}$

濱田）これらの計算の際，100円未満の端数処理の有無に注意が必要です。15項の割振額には100円未満の端数切捨てがありますが，14項にはありません。

4 区分をする理由

内藤）ところで，このように納税猶予税額を区分，つまり，贈与者ごと・会社ごとに決める必要があるのでしょうか。

岡野）それは，猶予中の贈与税額の免除事由や期限確定事由が生ずるタイミングが，贈与者ごと，また，会社ごとに異なることがあり，それぞれ免除される税額や期限確定する税額を求める必要があるからですね。

白井）措置法施行令40条の8第16項を見てみましょう。こちらは特例制度（措令40の8の5⑯）で準用されています。この中の「第14項の場合」というのが「特例贈与者又は特例認定贈与承継会社が二以上ある場合」のことをいっています。

租税特別措置法施行令
第40条の8の5
16　第40条の8第16項の規定は，法第70条の7の5第1項に規定する特例対象受贈非上場株式等（…）に係る特例贈与者又は特例認定贈与承継会社が二以上ある場合について準用する。この場合において，第40条の8第16項中「の規定は，同条第1項」とあるのは，「並びに第70条の7の5第12項及び第13項の規定は，法第70条の7第1項」と読み替えるものとする。

租税特別措置法施行令
第40条の8

並びに第70条の7の5第12項及び第13項の規定は，法第70条の7第1項

16　第14項の場合において，法第70条の7第3項から第6項まで，第11項，第12項，第14項から第16項まで及び第21項 の規定は，同条第1項 に規定する

　対象受贈非上場株式等（…）に係る贈与者及び認定贈与承継会社の異なるものごとに適用するものとする。

　この場合は，**図表8**のとおり，特例贈与者及び特例認定贈与承継会社の異なるものごとに適用することになります。

【図表8】 特例贈与者及び特例認定贈与承継会社ごとに適用する規定

規　　定	内　　容
70条の7第3項	経営贈与承継期間内の全部期限確定
70条の7第4項	経営贈与承継期間内の一部期限確定
70条の7第5項	経営贈与承継期間後の期限確定
70条の7第6項	みなす担保提供
70条の7第11項	届出書不提出の場合の期限確定
70条の7第12項	増担保命令等に応じない場合等の納税猶予期限の繰上げ
70条の7第14項	同族会社等の行為計算の否認等に伴う納税猶予期限の繰上げ等
70条の7第15項	受贈者死亡等に伴う贈与税の免除
70条の7第16項	株式等の全部の譲渡等をした場合等の贈与税の免除申請
70条の7第21項	再計算免除贈与税の免除
70条の7の5第12項	事業継続困難事由が生じた場合の贈与税の免除申請
70条の7の5第13項	再計算対象猶予税額の免除申請

村木）これらの準用される規定を見ると，特例贈与者ごと，特例認定贈与承継会社ごとに納税猶予分の贈与税額を決めることが必要であることがわかってもらえると思います。

内藤）事業承継税制は本法だけでもボリュームがあるので施行令に目を通すのも億劫になってしまいますが，施行令を見ておかないと区分計算の規定は見つけられないのですね。

　これから，ボリュームにかかわらず施行令にも目を通すようにします。

⑤　読替規定の読替規定

濱田）話が少しそれるのですが，図表 8 を見ていたら，相続税法64条の同族会社等の行為計算の否認等の規定を準用した納税猶予期限の繰上げ（措法70の 7 ⑭）があることに初めて気がつきました。ちょっとビックリです。

> **租税特別措置法**
> **（非上場株式等についての贈与税の納税猶予及び免除）**
> **第70条の 7**
> 14　相続税法第64条第 1 項（**同条第 2 項において準用する場合を含む。**）及び第 4 項の規定は，第 1 項の規定の適用を受ける経営承継受贈者若しくは当該経営承継受贈者に係る贈与者又はこれらの者と政令で定める特別の関係がある者の相続税又は贈与税の負担が不当に減少する結果となると認められる場合について準用する。（後段省略）

内藤）期限の繰上げがされると，繰り上げられた期限までに，納税猶予を受けている税額の全額と利子税を納付しなければならないので，事実上の期限確定ですね。

白井）課税庁の職権更正での同族会社の行為計算否認で期限確定がされる，というのは，ちょっと怖いですね。

岡野）特定医療法人の認定取消事由では，仮装隠蔽による重加算税賦課がありますね。なので，白井さんが言っているのは，感覚的にはわかる部分もあります。ただ，認定の取消しではなく期限の繰上げなので，それまでの納税猶予は認められることになります。

濱田）ところで，この行為計算否認による引き直し規定というのは，どうして必要なのでしょうか。相続税法64条そのものではなく，準用規定としてわざわざ条文を設けた意味は何かが疑問なのですが。

村木）相続税法64条は，行為又は計算の否認により，相続税額又は贈与税額を再計算する規定です。この制度が対象としているのは，納税猶予税額なので，準用という格好で規定を置く必要があったのでしょうね。

濱田）なるほど，今説明を受けるまで，全く意味がわかっていませんでした。反省します。

内藤）せっかくのいい機会なので，読替規定を見たいですね。

租税特別措置法

第70条の7第14項後段

14　…この場合において，同条第1項中「同族会社等」とあるのは「租税特別措置法第70条の7第2項第1号（非上場株式等についての贈与税の納税猶予及び免除）に規定する認定贈与承継会社」と，「株主若しくは社員又はその親族」とあるのは「同条第1項の経営承継受贈者又は同項の贈与者」と，「相続税又は贈与税についての更正又は決定に際し」とあるのは「同条の規定の適用に関し」と，「課税価格を計算する」とあるのは「納税の猶予に係る期限を繰り上げ，又は免除する納税の猶予に係る贈与税を定める」と，同条第2項中「，同族会社等」とあるのは「，租税特別措置法第70条の7第2項第1号に規定する認定贈与承継会社」と，「同族会社等の株主若しくは社員又はその親族その他これらの者と前項に規定する特別の関係がある者の相続税又は贈与税に係る更正又は決定」とあるのは「認定贈与承継会社の租税特別措置法第70条の7第1項の経営承継受贈者の納税の猶予に係る期限の繰上げ又は贈与税の免除」…と読み替えるものとする。

この読替規定を，次の条文でさらに読み替えています。

租税特別措置法

第70条の 7 の 5

10　第70条の 7 第13項及び第14項の規定は，特例経営承継受贈者が第 1 項の規定の適用を受けようとする場合又は同項の規定による納税の猶予がされた場合における国税通則法，国税徴収法及び相続税法の規定の適用について準用する。この場合において，同条第13項第 9 号中「又は第21項」とあるのは「若しくは第21項又は第70条の 7 の 5 第12項から第14項まで」と，同条第14項中「経営承継受贈者」とあるのは「特例経営承継受贈者」と，「贈与者」とあるのは「特例贈与者」と，「第70条の 7 第 2 項第 1 号」とあるのは「第70条の 7 の 5 第 2 項第 1 号」と，「免除)」とあるのは「免除の特例)」と，「認定贈与承継会社」とあるのは「特例認定贈与承継会社」と，「」と，「株主」とあるのは「又は同項第 6 号に規定する特例経営承継受贈者」と，「株主」と，「同条第 1 項の」とあるのは「当該」と，「同項」とあるのは「同条第 1 項」と，「定める」」とあるのは「定め，若しくは当該贈与税の免除を取り消す」」と，「第70条の 7 第 1 項の」とあるのは「第70条の 7 の 5 第 1 項の」と，「第70条の 7 の」とあるのは「第70条の 7 の 5 の」と読み替えるものとする。

（※）読みにくさを実感していただくために，「　」部分に網掛けをつけていません。

白井）読替規定は，**図表 9** のように，基本的に『「Ａ」とあるのは「Ｂ」と，「Ｃ」とあるのは「Ｄ」と読み替える』という構成になっていますから，この読替規定もそれに当てはめて読んでみてください。

【図表９】 読替部分の組合せ

岡野） 普通は，「・と・」が一対になっているので読替対象語句や読替後語句の範囲がわかります。また，『とあるのは』と『と，・とし，・と読み替える』等も１組になっているので，この範囲を見つける参考になります。

　しかし，読替規定を読み替える規定（読替規定の読替規定）は，「・や・」，『とあるのは』や『と，』などを含めて読み替えるものもあり，どこまでが読替対象語句・読替後語句かわからないものがあります。

村木） 10項でいえば，下線部分がわかりにくいですね。腕に自信がある方はやってみてください。できれば，下線が引かれていない条文を見ながらやってみると，困難度合いが体感できると思います。

濱田） 結論としては，読替対象語句は『」と，「株主』で，読替後語句は『又は同項第６号に規定する特例経営承継受贈者」と，「株主』となるのですね。

内藤） このようなむずかしい読替規定にはどのように対応したらいいのでしょうか。

白井） 読替規定だけ見るのではなく，実際に読替作業をしながら読替規定を見れば何とかなります。

村木） 読替作業というのは，基の印刷した条文に書込みを加えたり，パソコンのテキスト編集ソフト上で置き換え作業をしたりすることですね。

濱田）この読替規定を見て気がついたのですが，一般制度では行為計算否認規定により繰上げと納税猶予に係る税額を定めることができることとなるのですが，特例制度では，これに加えて，免除の取消しまで定めることができるようになっているのですね。これも，またビックリです。

岡野）参考に，読替後の相続税法64条1項・2項を掲載しておきます。

一般制度	特例制度
第64条　租税特別措置法第70条の7第2項第1号（非上場株式等についての贈与税の納税猶予及び免除）に規定する認定贈与承継会社の行為又は計算で，これを容認した場合においてはその同条第1項の経営承継受贈者又は同項の贈与者その他これらの者と政令で定める特別の関係がある者の相続税又は贈与税の負担を不当に減少させる結果となると認められるものがあるときは，税務署長は，同条の規定の適用に関し，その行為又は計算にかかわらず，その認めるところにより，納税の猶予に係る期限を繰り上げ，又は免除する納税の猶予に係る贈与税を定めることができる。	**第64条**　租税特別措置法第70条の7の5第2項第1号（非上場株式等についての贈与税の納税猶予及び免除の特例）に規定する特例認定贈与承継会社又は同項第6号に規定する特例経営承継受贈者の行為又は計算で，これを容認した場合においてはその当該特例経営承継受贈者又は同条第1項の特例贈与者その他これらの者と政令で定める特別の関係がある者の相続税又は贈与税の負担を不当に減少させる結果となると認められるものがあるときは，税務署長は，同条の規定の適用に関し，その行為又は計算にかかわらず，その認めるところにより，納税の猶予に係る期限を繰り上げ，又は免除する納税の猶予に係る贈与税を定め，若しくは当該贈与税の免除を取り消すことができる。

2　前項の規定は，租税特別措置法第70条の7第2項第1号に規定する認定贈与承継会社の行為又は計算につき，法人税法第132条第1項（同族会社等の行為又は計算の否認）若しくは所得税法第157条第1項（同族会社等の行為又は計算の否認等）…の規定の適用があつた場合における当該認定贈与承継会社の租税特別措置法第70条の7第1項の経営承継受贈者の納税の猶予に係る期限の繰上げ又は贈与税の免除について準用する。	2　前項の規定は，租税特別措置法第70条の7の5第2項第1号に規定する特例認定贈与承継会社の行為又は計算につき，法人税法第132条第1項（同族会社等の行為又は計算の否認）若しくは所得税法第157条第1項（同族会社等の行為又は計算の否認等）…の規定の適用があつた場合における当該特例認定贈与承継会社の租税特別措置法第70条の7の5第1項の特例経営承継受贈者の納税の猶予に係る期限の繰上げ又は贈与税の免除について準用する。

内藤）濱田さんのちょっとした一言から確認してみると，いろいろ予想外の規定を発見できましたね。やはり，条文は一度くらい目を通さないとダメということが実感できました。

第8章

猶予中贈与税額の免除

《扱う主な条文》

租税特別措置法 70 条の 7 第 15 項・第 16 項, 70 条の 7 の 5 第 11 項〜第 15 項

租税特別措置法施行令 40 条の 8 第 11 項・第 21 項・第 38 項・第 40 項・第 42 項, 40 条の 8 の 5 第 14 項・第 21 項・第 26 項・第 31 項

租税特別措置法施行規則 23 条の 9 第 35 項・第 36 項, 23 条の 12 の 2 第 22 項・第 29 項

常識力を持って条文を理解しよう

　条文を読むにあたり制度を理解する必要性は第 1 章で見たとおりです。ただ, 制度全体を理解するだけでは, 個別の取扱いが規定されている条文が理解できるとは限りません。

　個別制度の条文を読むためには, 個別制度の理解が必要です。

　条文の文字面だけ読むとおかしく思えることも, 常識的思考で考えれば意味がわかることがあります。通達や解説が出るまでは自信を持てないかもしれませんが, 自分で読み取ったことと通達や解説の内容が一致したときは, 喜びが大きいものです。

内藤）この章では，納税猶予制度の究極の目的である，猶予中贈与税額の免除
に関する規定を見ていきたいと思います。

白井）免除規定は，税務署長へ届出をすることにより免除されるもの（届出免
除）と，税務署長へ免除申請をし，承認がされて初めて免除されるもの（申請
免除）に大別できますね（**図表1**参照）。これは特例制度と一般制度の共通仕
様です。

村木）さらに，特例制度では，平成30年度税制改正で事業継続困難事由によ
る申請免除が追加されています。

濱田）まずは，一般制度と特例制度で共通して適用される届出免除と一般の申
請免除を見ていきましょう。共通ということは，準用規定が多くなりますが，
そこも丁寧に確認していきます。

【図表1】 免除の種類

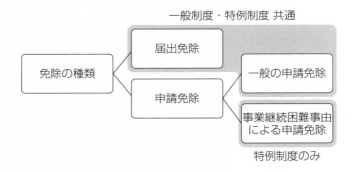

1　届出免除

岡野）では，届出免除の条文を見ていきましょう。特例制度の措置法70条の
7の5第11項で，一般制度の届出免除の措置法70条の7第15項と，申請免除
の第16項を準用しています。

> **租税特別措置法**
>
> **（非上場株式等についての贈与税の納税猶予及び免除の特例）**
>
> **第70条の7の5**
>
> 11　第70条の7第15項から第20項までの規定は，第1項の規定により納税の猶
> 予がされた贈与税の免除について準用する。この場合において，同条第15項
> 第3号中「につき第1項」とあるのは「につき第70条の7第1項」…と読み
> 替えるものとする。

内藤）読替えは1箇所だけで，読み替えた条文が下記になります。
　事由は1号から3号まであり，それぞれ免除届出期限までに免除届出書を税
務署長に提出することとされています。

> **租税特別措置法**
>
> **（非上場株式等についての贈与税の納税猶予及び免除）**
>
> **第70条の7**（読替後）
>
> 15　第1項の規定の適用を受ける経営承継受贈者又は当該経営承継受贈者に係
> る贈与者が次の各号に掲げる場合のいずれかに該当することとなつた場合
> （…）には，次の各号に定める贈与税を免除する。この場合において，当該
> 経営承継受贈者又は当該経営承継受贈者の相続人は，その該当することとな
> つた日から同日（…）以後6月（…）を経過する日（**第26項において「免除**

　「届出期限」という。）までに，政令で定めるところにより，財務省令で定める事項を記載した届出書を納税地の所轄税務署長に提出しなければならない。

　一　当該贈与者の死亡の時以前に当該経営承継受贈者が死亡した場合　猶予中贈与税額に相当する贈与税

　二　当該贈与者が死亡した場合　猶予中贈与税額のうち，当該贈与者が贈与をした対象受贈非上場株式等に対応する部分の額として政令で定めるところにより計算した金額に相当する贈与税

　三　経営贈与承継期間の末日の翌日（…）以後に，当該経営承継受贈者が対象受贈非上場株式等につき第70条の7第1項又は第70条の7の5第1項の規定の適用に係る贈与をした場合　猶予中贈与税額のうち，当該贈与に係る対象受贈非上場株式等でこれらの規定の適用に係るものに対応する部分の額として政令で定めるところにより計算した金額に相当する贈与税

村木）条文の順序とは違いますが，2号から見ていきます。

　2号の事由は，贈与者の死亡です。納税猶予制度は，贈与者の死亡の日まで納税を猶予するものなので，この条（措法70の7の5）の1項での約束どおり免除がされます。免除税額は，猶予中贈与税額のうち（特例）対象受贈非上場株式等に対応する部分の額とされます。

濱田）贈与者が死亡した場合には，贈与税の課税関係が相続税の課税関係に引き継がれるため，2号の免除税額は猶予中贈与税額の全額としてもいいと思うのですが。措置法施行令40条の8の5第21項で準用する40条の8第38項による按分計算を必要とするのは，どのような場面でしょうか。

租税特別措置法施行令
（非上場株式等についての贈与税の納税猶予及び免除）
第40条の8
38　法第70条の7第15項第2号に規定する政令で定めるところにより計算した

金額は，同号の贈与者の死亡の直前における猶予中贈与税額に，| 当該贈与者が贈与をした対象受贈非上場株式等の数又は金額（**当該贈与者が同項**（*第3号に係る部分に限り，法第70条の7の5第11項において準用する場合を含む。*）**の規定の適用に係る贈与をした当該対象受贈非上場株式等の数又は金額を除く。**）| が | 当該贈与者の死亡の直前における当該対象受贈非上場株式等の数又は金額 | のうちに占める割合を乗じて計算した金額とする。この場合において，当該計算した金額に100円未満の端数があるとき，又はその全額が100円未満であるときは，その端数金額又はその全額を切り捨てる。| 分子 | | 分母 |

$$
\text{死亡直前における猶予中贈与税額} \times \frac{\text{贈与した（特例）対象受贈非上場株式等の数}}{\text{死亡直前における（特例）対象受贈非上場株式等の数}}
$$

（100円未満切捨て）

岡野） それは，次の３号を見ながら確認していきましょう。

３号の事由は，（特例）経営贈与承継期間の末日の翌日以後の，70条の7第1項又は70条の7の5第1項の規定の適用に係る贈与です。この贈与は，（特例）対象受贈非上場株式等の贈与を受けた後継者の，その次の後継者への納税猶予の適用に係る贈与のことで，免除対象贈与の１つです。

内藤） この場合，免除対象贈与した株式に対応する猶予中贈与税額が免除されるのですね。

白井） ところで，後継者は，この免除対象贈与した株式とともに既に所有していた株式を次の後継者へ贈与し，次の後継者がまとめて納税猶予を受けることができますね。

その後，後継者が死亡すると，２号の適用事由が発生し，按分算式が必要となるのです。

濱田）なるほど。3号は，3号の後2号につながるので，村木さんが先に2号から見るべきだと言ったのですね。

村木）はい。数値例を使ったほうが理解しやすいですね。**図表2**を見てください。左から右へ時間が流れているイメージとなっています。

　後継者が先代経営者から特例制度を使って800株贈与により取得していて，この時の猶予中贈与税額は6,000となっています。

　後継者は次の後継者へ800株と既に所有していた200株の合計1,000株を贈与しました。800株が免除対象贈与ですね。

【図表2】届出免除の2号と3号の図解

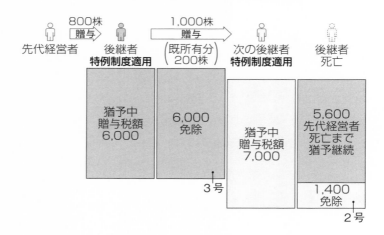

白井）3号はこの場面で適用され，後継者について猶予中贈与税額6,000が免除されます。

岡野）この後継者から次の後継者への1,000株の贈与について，次の後継者には7,000の猶予中贈与税額も新たに発生していますね。この猶予中贈与税額のうち，1,000株中の800株対応額は贈与者である後継者の死亡の日ではなく，

最初の贈与者である先代経営者の死亡の日まで納税猶予されることになります（措法70の7の5①）。

内藤） 続いて，後継者の死亡時の処理です。2号は，贈与者が死亡したときに適用されるのですが，この後継者は，受贈者でありながら200株については贈与者の立場も併せ持っているので，2号が適用されるのですね。

白井） つまり，このときの次の後継者の免除税額は，猶予中贈与税額7,000に200株／1,000株を乗じた金額（1,400）です。

　分子を200株とする規定が分子のカッコ書き「当該贈与者が同項（第3号に係る部分に限り，…）の規定の適用に係る贈与をした当該対象受贈非上場株式等の数又は金額を除く。」です。

岡野）「第3号に係る部分」というのは，免除対象贈与に係る800株のことですね。

　免除対象贈与に対応する猶予中贈与税額は，後継者（贈与者）死亡による免除はないので，分子から除く必要があるのです。

濱田） なるほど。一の贈与者からの贈与であっても，免除対象贈与とそれ以外の贈与がある場合には，贈与者が死亡しても一部しか免除されないので，按分計算が必要となるのですね。

内藤） これで2号の算式について定められている施行令40条の8第38項の意味がわかりました。

　3号と2号の登場順が入れ替わっていれば条文に従って理解していけるのですが，意地悪な規定の仕方ですね。わざと理解しにくくしたのではないかと勘繰ってしまいます。

村木） 2号を読むときに免除対象贈与のイメージができないとそう感じるかもしれませんね。

　第1章でも説明しましたが，条文を見る前に制度の概要を頭に入れておくことは重要です。そうすれば条文を読んだときにスムーズに理解できます。

岡野） また，このような順序で並んでいるのは，制度の変遷も関係しています。

白井） 納税猶予制度が創設された時は，免除対象贈与の制度はなく，仮に次の後継者へ贈与をすると期限確定となっていましたからね。

　免除対象贈与が認められたのは平成27年度税制改正でした。つまり，免除対象贈与による免除は3番目に登場せざるを得ないということです。

村木） 最後にまわした1号の事由は，贈与者死亡前の受贈者（後継者）死亡です。納税猶予制度の一般的な流れとしては，贈与者の死亡により相続税課税に移行し，その後に後継者が死亡することとなることを想定していると思います。

　しかし，その流れどおりにならず，後継者が贈与者よりも先に死亡することもあり，それに対応した事由が1号というわけです。

内藤） 後継者が死亡したということは，順序は違うとはいえ，自身としては事業の承継を全うしたといえますね。ですから，猶予中贈与税額の全額が免除されるのですね。

濱田） これらの届出免除のうち，税負担的に本当に喜べるのは，1号の受贈者死亡と3号の免除対象贈与です。

　2号は課税関係が相続税にバトンタッチしただけです。相続を待たずして後継者に株式を移転できたということはありますが，贈与していなければ相続税で課税されているわけですし，贈与しなかった場合の財産状況で相続税課税がされるわけですから。

岡野）贈与税は相続税の補完税ですから，そうなってしかるべきです。しかし，贈与税から相続税への流れから外れるのが，1号と3号です。

　1号は後継者の贈与税が免除され，かつ，相続税の課税を回避できます。3号は次の後継者の相続税課税が残っていますが，後継者自身は贈与税が免除され，先代の相続税課税もされません。このような意味で，1号と3号の免除はお得といえます。

② 一般の申請免除

内藤）次は一般の申請免除です。措置法70条の7の5第11項で準用している措置法70条の7第16項に事由が4つ掲げられていて（**図表3**参照），これに該当すると納税猶予税額のうち一定額が免除されることになります。

【図表3】 一般の申請免除の事由

1号　（特例）対象受贈非上場株式等の全部を譲渡した場合
2号　破産手続開始の決定等があった場合
3号　合併により消滅した場合
4号　株式交換等により他の会社の株式交換完全子会社等となった場合

岡野）いずれの事由も，「（特例）経営贈与承継期間の末日の翌日以後に」生じていることが必要です。以前見た期限確定事由においても，（特例）経営贈与承継期間とそれ以外の期間とで要件が異なっていましたね。それも，（特例）経営贈与承継期間のほうが厳しいものでした。

　つまり，（特例）経営贈与承継期間内は承継した事業を継続することが要求されていますが，この期間が終わった後であれば，事業の継続が途絶えたとしても，一定の要件を具備すれば，猶予中贈与税額の免除も申請により認めるということになっています。

濱田）これが認められる事由というのは，企業再生のための経営権の第三者への移譲，つまり株式譲渡のほか，合併や株式交換，株式移転です。また，破産や特別清算も該当します。

白井）このような事由が発生するような事態となった場合は，会社の価値はほ

とんどないといえるでしょう。仮に価値が認められて株式の譲渡対価が生じる
ときは，その部分に対応する猶予中贈与税額は免除されないこととなります。

租税特別措置法
第70条の７

16　第１項の規定の適用を受ける経営承継受贈者又は同項の対象受贈非上場株
　　式等に係る認定贈与承継会社が次の各号に掲げる場合のいずれかに該当する
　　こととなつた場合（…）において，当該経営承継受贈者は，当該各号に定め
　　る贈与税の免除を受けようとするときは，その該当することとなつた日から
　　２月を経過する日（…次項において 「申請期限」 という。）までに，当該免
　　除を受けたい旨，免除を受けようとする贈与税に相当する金額（**第18項にお**
　　いて 「免除申請贈与税額」 という。）及びその計算の明細その他の財務省令
　　で定める事項を記載した申請書（…）を納税地の所轄税務署長に提出しなけ
　　ればならない。

　一　経営贈与承継期間の末日の翌日以後に，当該経営承継受贈者が当該対象
　　　受贈非上場株式等に係る認定贈与承継会社の非上場株式等の全部の譲渡等
　　　をした場合（当該経営承継受贈者と 政令で定める特別の関係がある者 以
　　　外の者のうちの １人の者として政令で定めるもの に対して行う場合…に
　　　限り，**第４号に掲げる場合に該当する場合を除く。**）において，次に掲げ
　　　る金額の合計額が当該譲渡等の直前における猶予中贈与税額に満たないと
　　　き　当該猶予中贈与税額から当該合計額を控除した残額に相当する贈与税
　　イ　当該譲渡等があつた時における当該譲渡等をした対象受贈非上場株式
　　　等の時価に相当する金額として財務省令で定める金額（**当該財務省令で**
　　　定める金額が当該譲渡等をした対象受贈非上場株式等の譲渡等の対価の
　　　額より小さい金額である場合には，当該譲渡等の対価の額）
　　ロ　当該譲渡等があつた日以前５年以内において，当該経営承継受贈者及
　　　び当該経営承継受贈者と生計を一にする者が当該認定贈与承継会社から
　　　受けた剰余金の配当等の額その他当該認定贈与承継会社から受けた金額

| として政令で定めるものの合計額

内藤）ここでは，株式の譲渡等をした場合に適用される，1号にスポットを当てて見ましょう。（特例）対象受贈非上場株式等の譲渡や贈与は期限確定事由に該当するのですが，譲渡をしても免除申請ができる場合があるというのは興味深いです。

村木）1号が適用されるためには，⑴譲渡等の要件と，⑵譲渡者等の享受利益要件を満たす必要があります。

1　譲渡等の要件

岡野）譲渡等の要件には，非上場株式等の全部を譲渡等することと，受贈者の特別関係者以外の者のうちの1人に譲渡等することの2つがあります。

濱田）「非上場株式等」の全部を譲渡等するというのは，納税猶予の対象となった（特例）対象受贈非上場株式等の全てということでいいのでしょうか。

村木）「非上場株式等」ですから，文字どおり，（特例）対象受贈非上場株式等だけでなく，後継者が所有するその会社の全ての株式ということになります。
　例えば，後継者が，先代経営者からの贈与による取得分300株，その贈与前からの所有分100株を所有していた場合には，400株を譲渡等しなければいけないということです。

白井）納税猶予を受ける時の株式の移転要件より厳しいですね。ただ，その会社の経営からは一切手を引くというような状況でなければ免除は認めないという姿勢の表れでしょう。

内藤）それと確認ですが，「譲渡等」とは，措置法70条の７第３項５号で譲渡と贈与のことをいうこととされていますね。

村木）次に譲渡等の相手方ですが，「経営承継受贈者と政令で定める特別の関係がある者以外の者のうちの１人の者として政令で定めるもの」とされています。

　この「経営承継受贈者と政令で定める特別の関係がある者」は，措置法施行令40条の８の５第14項により準用する同法施行令40条の８第11項によるのですが，一言でいえば（特例）経営承継受贈者の親族です。この範囲については第４章で扱っていますので，そちらをご覧ください。

> **租税特別措置法施行令**
>
> **（非上場株式等についての贈与税の納税猶予及び免除の特例）**
>
> **第40条の８の５**
>
> 14　第40条の８第11項の規定は，法第70条の７の５第２項第６号ハ及び第12項各号並びに同条において準用する法第70条の７に規定する政令で定める特別の関係がある者について準用する。

> **租税特別措置法施行令**
>
> **第40条の８**
>
> 11　法第70条の７第２項第３号ハに規定する当該個人と政令で定める特別の関係がある者は，次に掲げる者とする。
>
> 　一　当該個人の親族
>
> （以下省略）

岡野）「経営承継受贈者と政令で定める特別の関係がある者」を「親族」と読み替えると，「親族以外の者のうちの１人の者として政令で定めるもの」となります。

「1人の者として政令で定めるもの」というのは，措置法施行令40条の8の
5第21項により準用する同法施行令40条の8第40項により，医療法人以外
の持分の定めのある法人又は個人で，譲渡等があった後の（特例）認定贈与承
継会社の経営を実質的に支配する者として財務省令で定める者とされています。

租税特別措置法施行令

第40条の8の5

21 　第40条の8第37項から第45項までの規定は，法第70条の7の5第11項にお
　　いて法第70条の7第15項から第20項までの規定を準用する場合について準用
　　する。

租税特別措置法施行令

第40条の8

40 　法第70条の7第16項第1号…に規定する1人の者として政令で定めるもの
　　は，持分の定めのある法人（**医療法人を除く。**）又は個人で，同条第16項第
　　1号の譲渡等があつた後の認定贈与承継会社の経営を実質的に支配する者と
　　して財務省令で定める者とする。

濱田）持分の定めのある法人といわれるとどんな法人かと一瞬考えてしまいま
すが，代表例は株式会社ですね。経営を実質的に支配する者としての要件はど
うなっているのでしょうか。

白井）こちらは措置法施行規則23条の12の2第22項にて準用する同法施行規
則23条の9第35項に3つの要件（**図表4**参照）が掲げられ，譲渡後にこれら
の全てを満たすことが必要です。これは，譲渡先が個人でも法人でも同じです。

【図表４】 経営を実質的に支配する者としての要件

①	１人の者の同族株主グループの議決権割合が50％超であること
②	１人の者が同族グループ内筆頭株主であること
③	１人の者^(※) が（特例）認定贈与承継会社の代表権を有すること

(※) １人の者が法人の場合は，その法人の役員等

租税特別措置法施行規則

(非上場株式等についての贈与税の納税猶予及び免除の特例)

第23条の12の２

22　第23条の９第30項から第36項までの規定は，法第70条の７の５第11項において準用する法第70条の７第15項から第20項までの規定の適用がある場合について準用する。（省略）

租税特別措置法施行規則

(非上場株式等についての贈与税の納税猶予及び免除)

第23条の９

35　施行令第40条の８第40項に規定する財務省令で定める者は，次に掲げる要件の全てを満たす者とする。

　一　法第70条の７第16項第１号の譲渡等後において，同号の１人の者及び当該１人の者と同条第２項第３号ハに規定する特別の関係がある者の有する同条第16項第１号の認定贈与承継会社の非上場株式等に係る議決権の数の合計が，当該認定贈与承継会社の総株主等議決権数の100分の50を超える数を有することとなる場合における当該１人の者であること。

　二　前号の譲渡等後において，同号の１人の者が有する同号の認定贈与承継会社の非上場株式等の議決権の数が，当該１人の者と同号の特別の関係がある者のうちいずれの者が有する当該認定贈与承継会社の非上場株式等に係る議決権の数をも下回らないこと。

　三　第１号の譲渡等後において，同号の１人の者（当該１人の者が持分の定

　　　めのある法人（*医療法人を除く。*）である場合には，当該法人の会社法第329
　　　条第1項に規定する役員又は業務を執行する社員その他これらに類する者
　　　で当該法人の経営に従事している者）が当該認定贈与承継会社の代表権を
　　　有すること。

内藤）要は，譲渡後に（特例）認定贈与承継会社の支配者となる1人の親族外
の者に持株の全てを譲渡等することと，第三者に対する事業の承継というのが
譲渡等の要件といえるのですね。

2　譲渡者等の享受利益要件

岡野）続いて，譲渡者等の享受利益要件です。
　これは，譲渡者となる（特例）経営承継受贈者とその親族が，5年内に（特
例）認定贈与承継会社から受けた剰余金等の利益額と株式の価額との合計額が
猶予中贈与税額より少ないことを要するものです。措置法70条の7第16項1
号を算式で表すと，イ＋ロ＜猶予中贈与税額となります。

村木）イの金額は，いわば株の価値で，譲渡等の時の（特例）対象受贈非上場
株式等の時価の額になります。ただし，譲渡対価の額のほうが時価の額より小
さい場合は譲渡対価の額になります。

濱田）時価というのは相続税評価額により計算した金額になるのでしょうか。

白井）はい。措置法施行規則23条の12の2第29項で準用する同法施行規則23
条の9第36項に書かれているとおり，「個人が，…譲渡等の直前…において贈
与者から対象受贈非上場株式等に係る認定贈与承継会社の発行済株式…の総数
…の全てを贈与により取得したもの」として計算した価額になります。

租税特別措置法施行規則
第23条の12の2

29 第23条の9第36項の規定は，法第70条の7の5第12項各号イ及び第13項各号に規定する財務省令で定める金額について準用する。

租税特別措置法施行規則
第23条の9

36 法第70条の7第16項第1号イ…に規定する財務省令で定める金額は，個人が，同項第1号イの譲渡等の直前…において贈与者から対象受贈非上場株式等に係る認定贈与承継会社の発行済株式又は出資（**議決権があるものに限る。第38項において同じ。**）の総数又は総額の全てを贈与により取得したものとした場合の当該贈与の時における当該認定贈与承継会社の株式又は出資の1単位当たりの価額に，同条第16項第1号イの譲渡等の直前…において当該経営承継受贈者が有していた当該対象受贈非上場株式等の数又は金額を乗じて得た金額とする。

岡野）ロの金額は，譲渡等の日以前5年内に後継者（譲渡者）とその生計一親族が受けた剰余金の配当等の額その他会社から受けた金額として政令で定めるものの合計額とされています。

村木）こちらの政令は，措置法施行令40条の8の5第21項にて準用する同法施行令40条の8第42項及び第21項に規定がされています。
　1号が会社からの剰余金の配当等の額，2号が役員給与の損金不算入額と使用人給与の損金不算入額です。

租税特別措置法施行令
第40条の8の5（再掲）

21 第40条の8第37項から第45項までの規定は，法第70条の7の5第11項にお

いて法第70条の7第15項から第20項までの規定を準用する場合について準用する。

租税特別措置法施行令

第40条の8

42　第21項の規定は，法第70条の7第16項第1号ロ…並びに第21項第2号に規定する剰余金の配当等の額その他認定贈与承継会社から受けた金額として政令で定めるものについて準用する。

21　法第70条の7第2項第8号ハに規定する剰余金の配当等の額その他会社から受けた金額として政令で定めるものは，次に掲げる金額の合計額とする。

一　法第70条の7第2項第8号ハの会社から受けた当該会社の株式等に係る剰余金の配当又は利益の配当（**最初の同条第1項の規定の適用に係る贈与の時**（*対象受贈非上場株式等に係る認定贈与承継会社の非上場株式等について，当該贈与の時前に法第70条の7の2第1項の規定の適用に係る相続又は遺贈により当該非上場株式等の取得をしている場合には，最初の同項の規定の適用に係る相続の開始の時。次号及び第23項において同じ。）前に受けたものを除く。）の額

二　前号の会社から支給された給与（**債務の免除による利益その他の経済的な利益を含み，最初の法第70条の7第1項の規定の適用に係る贈与の時前に支給されたものを除く。**）の額のうち，法人税法第34条又は第36条の規定により当該会社の各事業年度の所得の金額の計算上損金の額に算入されないこととなる金額

内藤） 享受利益要件は何を目的としている要件なのでしょうか。

岡野） 一言でいえば，次の免除申請できる金額の露払い的な位置づけですね。免除申請の特典を与えるための第1次テストをしているのです。

3 免除申請できる金額

濱田） その免除申請ができる金額はどのように計算するのでしょうか。

村木） 猶予中贈与税額から先ほど見たイの金額（株の価値）と口の金額（5年内享受利益）を控除した残額相当額となります（**図表5**参照）。

【図表5】 免除申請額

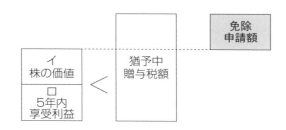

内藤） なぜ，イ（株の価値）と口（5年内享受利益）の金額を差し引くのでしょうか。

白井） そもそも譲渡対価がある場合は，それをもって納税すればいいわけですから，その対価相当額の免除を認める必要はありません。剰余金の額と過大給与も会社財産の持出しと考えることができ，これがなければ株の価値を高く維持できたはずと考えれば，この部分については免除をさせなくてもいいでしょう。

　かわいそうだから，持出しになる部分だけは免除させてあげようというものです。

岡野） 別の見方をすれば，剰余金の配当や過大給与を使えば，意図的に会社の資産を流出させ，会社の価値を引き下げ，結果的に免除税額を多くさせること

ができてしまいます。それを防止させるための措置でもありますね。

濱田）例えば，納税猶予の対象となっている現在純資産1億円の会社を5年後に身売りして，申請免除を受けようとするとしましょう。猶予中贈与税額が5,000万円だとすると，1億円の譲渡時には5,000万円の納税をしなければなりません。

　しかし，毎年2,000万円の配当を5年続ければ純資産はほぼなくなり，譲渡対価が0に近づくほど免除申請額が増える。そのような行為を防止する必要があるということですね。

村木）逆に，剰余金の配当も過大給与もなく，会社の経営を引き受けてもらえる人に株式を贈与した場合は，猶予中贈与税額の全額について免除申請ができることになるのですね。

内藤）享受利益要件判定にひっかかる場合，つまり，イ＋ロ≧猶予中贈与税額となる場合は，免除申請できる猶予中贈与税額はなくなるのですね。わざわざ申請免除の要件にせず，計算結果で税額ゼロになるような規定とすることもできたかもしれません。

岡野）ただ，条文の構造として，あえて別の1つの要件とし，判定をやりやすくしているのだと。

③　事業継続困難事由による申請免除の概要

内藤）届出免除・一般の申請免除に引き続き，申請免除のうち，平成30年度税制改正で特例制度にだけ設けられた，事業継続困難事由が生じた場合の申請免除を扱います。

　制度が複雑でいきなり条文から入っていくとわかりづらいですから，まず概要を見てみましょう。

白井）事業承継税制のデメリットとして，期限確定時の納税というものがあります。猶予税額だから，猶予する理由がなくなれば納税するのは当然ですが，事由によってはもう少し何とかならないか，ということで設けられたのが，事業継続困難事由が生じた場合の申請免除です。

岡野）猶予中贈与税額を計算し直すというのが最大の特徴で，計算方法や免除のタイミングにより，2種類の差額免除と追加免除の3つが用意されています。

濱田）これら3つの免除をこれから確認していくのですが，本文及び図表中，措置法70条の7の5の12項の免除を「差額免除⑫」，13項の免除を「差額免除⑬」，14項の免除を「追加免除⑭」として，それぞれの免除の性格＋項番号という形式で表示していきます（**図表6**参照）。

内藤）なお後ほど詳しく見ていきますが，差額免除⑫と差額免除⑬は併用できるものではありません。一方，差額免除⑬と追加免除⑭は，免除時期は異なりますが，セットで適用することを想定しています。

【図表6】 免除の種類

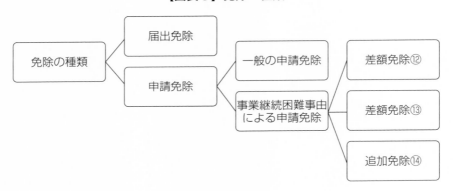

村木） 事業継続困難事由による申請免除は，特例経営贈与承継期間の末日の翌日以後に特例対象受贈非上場株式等の譲渡をしたことなど，**図表7**の事象が生じている場合が対象となります。

【図表7】 事業継続困難事由による申請免除の対象事象

①　特例対象受贈非上場株式等の譲渡等をしたこと
②　特例認定贈与承継会社が合併により消滅したこと
③　特例認定贈与承継会社が株式交換等により他の会社の株式交換完全子会社等となったこと
④　特例認定贈与承継会社が解散をしたこと

岡野） ご覧のとおり，4つの事象が掲げられていますが，①の特例対象受贈非上場株式等の譲渡等に限定して見ていきます。

　この免除は，譲渡対価の額が譲渡時の時価（相続税評価額）の2分の1超の場合（**図表8**⑴）と，2分の1以下の場合（**図表8**⑵）とで取扱いが異なります。

　まず，⑴の2分の1超の場合ですが，譲渡対価の額相当額を受贈時の株式の価額とみなして猶予中贈与税額を計算し直します。

　条文上定義されているわけではありませんが，便宜上ここで計算し直した猶予税額を「再計算税額」と名付けます。猶予中贈与税額のうち再計算税額を超える部分の金額が免除されるというのが差額免除⑫です。再計算税額相当額の猶予中贈与税額は期限確定となり，納税をすることになります（図表8参照）。

【図表8】 事業継続困難事由による申請免除の全体像

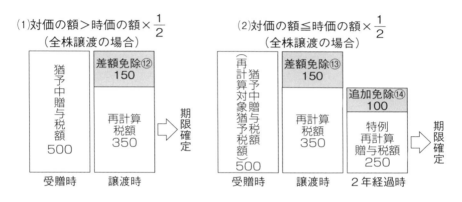

白井） ⑵の2分の1以下の場合は，2段階で免除が計算されます。

　まず，⑴の2分の1超の場合と同様に，猶予中贈与税額から再計算税額を控除した金額は免除される（差額免除⑬）のですが，再計算税額の計算にあたり，受贈時の株式の価額とみなすのは，対価の額ではなく譲渡時の時価（相続税評価額）の2分の1相当額になります。

　また，再計算税額に相当する猶予中贈与税額の猶予は継続します。

濱田） そして，譲渡の日の2年後において会社が事業を継続している場合には，今度は譲渡対価の額を受贈時の株式等の価額とみなして計算した贈与税額（特例再計算贈与税額）については期限確定として納税をし，残りの金額は免除されます（追加免除⑭）。

　2年後に事業を継続していない場合は，再計算税額相当額は期限確定となり，

納税をすることになります。

内藤）事業継続困難事由による申請免除は，簡単にいえば，譲渡対価の額により納税猶予税額を再計算し，その税額を納税すれば，残りの猶予中贈与税額は免除されるというものなのですね。

村木）はい。株式の譲渡にあたり，①事業継続困難事由が発生しているか，②譲渡対価の額が時価の2分の1以下か，③2年後に事業継続しているか，が大きなポイントといえます（**図表9**参照）。
　ただし，譲渡対価の額が時価の2分の1以下の場合は，2年後まで譲渡対価による免除は認めないこととなっています。譲渡対価の額が譲渡時の時価よりも著しく低い場合は，対価の額による再計算は2年後まで保留されるのです。

【図表9】事業継続困難事由による申請免除の検討フロー

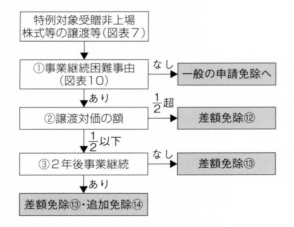

④ 差額免除⑫（2分の1超の場合）

岡野）では，概要で見た内容を措置法70条の7の5の12項から14項で確認して
いきます。12項が事業継続困難事由と差額免除⑫（2分の1超）・期限確定，
13項が差額免除⑬（2分の1以下），14項が追加免除⑭・期限確定となってい
ます。まずは，12項からです。

租税特別措置法
第70条の7の5

12　第1項の規定の適用を受ける特例経営承継受贈者又は同項の特例対象受贈
　非上場株式等に係る特例認定贈与承継会社が次の各号に掲げる場合のいずれ
　かに該当することとなつた場合（**当該特例認定贈与承継会社の事業の継続が
　困難な事由として政令で定める事由が生じた場合に限る**…。）において，当
　該特例経営承継受贈者は，当該各号に定める贈与税の免除を受けようとする
　ときは，その該当することとなつた日から2月を経過する日（…）までに，
　当該免除を受けたい旨，免除を受けようとする贈与税に相当する金額及びそ
　の計算の明細その他の財務省令で定める事項を記載した申請書（…）を納税
　地の所轄税務署長に提出しなければならない。この場合において，第3項に
　おいて準用する第70条の7第5項の規定の適用については，同項の表の第1
　号中「**第8号から第12号まで**」とあるのは「**第8号**」と，「**猶予中贈与税
　額**」とあるのは「**第70条の7の5第12項第1号イ及びロに掲げる金額の合計
　額又は同項第4号イ及びロに掲げる金額の合計額**」と，同表の第2号の中欄
　中「**猶予中贈与税額のうち，当該譲渡等をした対象受贈非上場株式等の数又
　は金額に対応する部分の額として政令で定めるところにより計算した金額**」
　とあるのは「**第70条の7の5第12項第1号イ及びロに掲げる金額の合計額**」
　…とする。

一　特例経営贈与承継期間の末日の翌日以後に，当該特例経営承継受贈者が当該特例対象受贈非上場株式等の全部又は一部の譲渡等（譲渡又は贈与をいう。以下この条において同じ。）をした場合（当該特例経営承継受贈者と政令で定める特別の関係がある者以外の者に対して行う場合に限る。）において，次に掲げる金額の合計額が当該譲渡等の直前における猶予中贈与税額（当該譲渡等をした特例対象受贈非上場株式等の数又は金額に対応する部分の額として政令で定めるところにより計算した金額に限る。）に満たないとき　当該猶予中贈与税額から当該合計額を控除した残額に相当する贈与税

イ　当該譲渡等の対価の額（当該額が当該譲渡等をした時における当該譲渡等をした数…に対応する当該特例対象受贈非上場株式等の時価に相当する金額として財務省令で定める金額の2分の1以下である場合には，当該2分の1に相当する金額）を第1項の規定の適用に係る贈与により取得をした特例対象受贈非上場株式等の当該贈与の時における価額とみなして，第2項第8号の規定により計算した金額

ロ　当該譲渡等があつた日以前5年以内において，当該特例経営承継受贈者及び当該特例経営承継受贈者と政令で定める特別の関係がある者が当該特例認定贈与承継会社から受けた剰余金の配当等（会社の株式等に係る剰余金の配当又は利益の配当をいう。以下この条及び次条において同じ。）の額その他当該特例認定贈与承継会社から受けた金額として政令で定めるものの合計額

二〜四　（省略）

1　事業継続困難事由

白井）差額免除⑫の1つ目の要件として12項柱書き前段で「次の各号に掲げる場合のいずれかに該当することとなつた場合において」が挙がっていますが，この内容が図表7に掲げている事象です。

そして，この「該当することとなつた場合」のカッコ書きで「当該特例認定贈与承継会社の事業の継続が困難な事由として政令で定める事由が生じた場合に限る」として事業継続困難事由が生じていることを要件としていますが，その具体的事由は政令（措令40の8の5㉒）と省令（措規23の12の2㉓～㉖）に定められています。

濱田） 事由を列挙したものが**図表10**で，①～④が会社の経営状況の悪化，⑤と⑥が経済環境の悪化，⑦が後継者の特殊事情という区分けになります。施行令・施行規則の確認は省略します。

【図表10】事業継続困難事由の具体的事由

① 直前事業年度以前4事業年度[※1]のうち二以上の事業年度において，経常損益がマイナスであること。

② 直前事業年度以前4事業年度[※1]のうち二以上の事業年度において，各事業年度の平均総収入金額[※2]が，当該各事業年度の前事業年度の平均総収入金額[※2]を下回ること。

③ 特例認定贈与承継会社の直前事業年度の終了の日における有利子負債の帳簿価額が，直前事業年度の平均総収入金額[※2]の6倍以上であること。

④ 特例認定贈与承継会社の直前事業年度の前事業年度の終了の日における負債の帳簿価額が，当該事業年度の平均総収入金額[※2]の6倍以上であること。

⑤ 判定期間[※3]における業種平均株価が，前判定期間における業種平均株価を下回ること。

⑥ 前判定期間における業種平均株価が，前々判定期間における業種平均株価を下回ること。

⑦ 特例経営承継受贈者が心身の故障等の事由により特例認定贈与承継会社の業務に従事することができなくなったこと。

（※1）直前事業年度の終了の日の翌日以後6月を経過する日後に譲渡等の事由が生じた場合には，3事業年度
（※2）総収入金額を事業年度の月数で除して計算した金額
（※3）直前事業年度の終了の日の1年前の日の属する月から同月以後1年を経過する月までの期間

2　特例対象受贈非上場株式等の譲渡等

内藤）まず，12項 1 号の「特例対象受贈非上場株式等の全部又は一部の譲渡等」を取り扱います。一般の申請免除の場合は「（特例）認定贈与承継会社の非上場株式等の全部の譲渡等」とされていたので，それと比べると要件がゆるやかですね。

村木）譲渡先は，「当該特例経営承継受贈者と政令で定める特別の関係がある者以外の者」に限るとされ，後継者の親族関係者はダメという点は一般の申請免除の場合と同じです（措令40の 8 の 5 ⑭，40の 8 ⑪）。
　しかし，それ以外の者であれば一の者に限られておらず，この点についても一般の申請免除より要件が緩和されています。

> **租税特別措置法施行令**
>
> **第40条の 8 の 5**（再掲）
>
> 14　第40条の 8 第11項の規定は，法第70条の 7 の 5 …第12項各号並びに同条において準用する法第70条の 7 に規定する政令で定める特別の関係がある者について準用する。

> **租税特別措置法施行令**
>
> **第40条の 8**（再掲）
>
> 11　法第70条の 7 第 2 項第 3 号ハに規定する当該個人と政令で定める特別の関係がある者は，次に掲げる者とする。
>
> 一　当該個人の親族
>
> （以下省略）

3　差額免除⑫の金額の計算

白井）特例対象受贈非上場株式等の全部又は一部の譲渡等による免除は，措置法70条の7の5第12項1号イの金額とロの金額の合計額が，「譲渡等の直前における猶予中贈与税額」に満たないことが必要です。

　「譲渡等の直前における猶予中贈与税額」は措置法施行令40条の8の5第26項により，全株を譲渡等すれば猶予中贈与税額の全額，一部の譲渡等の場合は譲渡等した株式対応税額になります。

> **租税特別措置法施行令**
> **第40条の8の5**
> 26　法第70条の7の5第12項第1号及び第13項に規定する政令で定めるところにより計算した金額は，同号の譲渡等の直前における猶予中贈与税額に，当該譲渡等をした特例対象受贈非上場株式等（…）の数…が当該譲渡等の直前における当該特例対象受贈非上場株式等の数…に占める割合を乗じて計算した金額とする。この場合において，当該計算した金額に100円未満の端数があるとき，又はその全額が100円未満であるときは，その端数金額又はその全額を切り捨てる。

濱田）一般の申請免除は全部の譲渡等が必要だったので按分計算はなかったのですが，こちらは一部の譲渡等も免除対象となるので，按分計算の規定が用意されているのですね。

内藤）「次に掲げる金額の合計額」という規定の仕方，つまりイの金額とロの金額の合計額というのは，一般の申請免除でも出てきましたね。一般の申請免除の場合，イは株の価値，ロは5年内享受利益額でしたが，差額免除⑫も同じでしょうか。

岡野）ロの金額は，5年内享受利益額なので一般の申請免除と同じですね（措令40の8の5㉗）。

　イの金額は，譲渡等の対価の額を特例対象受贈非上場株式等の当該贈与の時における価額とみなして計算した猶予中贈与税額相当額となるので，時価（相続税評価額）又は譲渡等の対価の額がイの金額とされている一般の申請免除とは異なります。

　ちなみに，③の概要では，イの金額を「再計算税額」と命名し，また，ロの金額はないものとしていました。

村木）一般の申請免除の場合は，譲渡対価の額と5年内享受利益額をもって納税すべきとの考え方でしたが，事業継続困難事由による申請免除の場合は，譲渡対価の額で猶予中贈与税額を再計算し，その金額（再計算税額）と5年内享受利益額との合計額が猶予中贈与税額に満たない場合に差額免除⑫を認めることとしています。

内藤）差額免除⑫が受けられる金額以外の猶予中贈与税額は，当然のことながら特例対象受贈非上場株式等を譲渡等しているので，期限確定ということになるのですね。

白井）そうです。12項の後段の「この場合において」以下に，経営贈与承継期間後の期限確定に関する規定である措置法70条の7第5項の読替規定が用意されています。読替後の表部分が**図表11**です。

【図表11】 読替後の措置法70条の7第5項の表部分（譲渡に係る部分）

| 一　第3項第6号[※]又は第8号に掲げる場合 | 第70条の7の5第12項第1号イ及びロに掲げる金額の合計額又は同項第4号イ及びロに掲げる金額の合計額 | 同項第6号又は第8号に定める日 |

二　当該経営承継受贈者が当該対象受贈非上場株式等の一部の譲渡等をした場合	第70条の7の5第12項第1号イ及びロに掲げる金額の合計額	当該譲渡等をした日

（※）6号（特例：経営承継受贈者が特例対象受贈非上場株式等の全部の譲渡等をした場合）

濱田） 一般の申請免除の場合，対価は納税に充てるので譲渡代金が手元に残らなくなるのですが，差額免除⑫の場合は，対価の額と再計算税額との差額が手元に残るため，要件を満たすのなら，一般の申請免除でなく事業継続困難事由による申請免除を使うべきですね。

内藤） ところで，イの譲渡等の対価の額のカッコ書きに「当該額が当該譲渡等をした時における当該譲渡等をした数…に対応する当該特例対象受贈非上場株式等の時価に相当する金額として財務省令で定める金額の2分の1以下である場合には，当該2分の1に相当する金額」というものがあります。

　これは，譲渡等の対価の額ではなく，譲渡時の株式の時価（相続税評価額）の2分の1相当額で再計算税額を計算しなさい，ということですね（措規23の12の2㉙，23の9㊱）。

租税特別措置法施行規則

第23条の12の2（再掲）

29　第23条の9第36項の規定は，法第70条の7の5第12項各号イ及び第13項各号に規定する財務省令で定める金額について準用する。

租税特別措置法施行規則

第23条の9（再掲）

36　法第70条の7第16項第1号イ，第3号イ及び第4号イに規定する財務省令で定める金額は，個人が，同項第1号イの譲渡等の直前…において贈与者か

> ら対象受贈非上場株式等に係る認定贈与承継会社の発行済株式…の総数…の全てを贈与により取得したものとした場合の当該贈与の時における当該認定贈与承継会社の株式…の1単位当たりの価額に，同条第16項第1号イの譲渡等の直前…において当該経営承継受贈者が有していた当該対象受贈非上場株式等の数又は金額を乗じて得た金額とする。

岡野）そのとおりです。対価の額による再計算は認められません。

　そこで，そのような場合は，12項の差額免除⑫ではなく，次の13項の差額免除⑬と14項の追加免除⑭を使います。

5　差額免除⑬（２分の１以下の場合）

1　13項の適用要件

村木）では，その13項の差額免除⑬を見てみましょう。13項は，「前項各号（第４号を除く。）に掲げる場合に該当する場合」とあるように，事業継続困難事由（図表10）が生じている状況下で譲渡等をしていることが前提です。ただし，４号を除くとなっているので，会社が解散した場合は適用されませんが。

白井）差額免除⑬は追加免除⑭とセットで適用することを前提とし，そして追加免除⑭は２年後の会社の事業継続が要件となっています。しかし，解散の場合は２年後の事業継続はありませんので，13項の適用対象から除かれているのです。

岡野）「かつ」で結ばれている要件が，「次に掲げる場合に該当する場合」ですが，譲渡等に関するものが１号です。こちらは，譲渡等の対価の額が譲渡等をした時における特例対象受贈非上場株式等の時価（相続税評価額）の２分の１以下である場合とされています。

租税特別措置法
第70条の７の５
13　前項各号（**第４号を除く。**）に掲げる場合に該当する場合で，かつ，次に掲げる場合に該当する場合において，特例経営承継受贈者が次項の規定の適用を受けようとするときは，前項の規定にかかわらず，申請期限までに同項各号イ及びロに掲げる金額の合計額に相当する担保を提供した場合で，かつ，当該申請期限までにこの項の規定の適用を受けようとする旨，当該金額の計

算の明細その他の財務省令で定める事項を記載した申請書を納税地の所轄税務署長に提出した場合に限り，**再計算対象猶予税額（前項第1号に掲げる場合に該当する場合には猶予中贈与税額のうち同号の譲渡等をした特例対象受贈非上場株式等の数又は金額に対応する部分の額として政令で定めるところにより計算した金額を…いう。以下この項において同じ。）**から当該合計額を控除した残額を免除し，<u>当該合計額（前項第1号に掲げる場合に該当する</u>**<u>場合には，当該合計額に猶予中贈与税額から当該再計算対象猶予税額を控除</u>****<u>した残額を加算した金額）を猶予中贈与税額</u>**とすることができる。

一　前項第1号イに規定する譲渡等の対価の額が当該譲渡等をした時における特例対象受贈非上場株式等の時価に相当する金額として財務省令で定める金額の2分の1以下である場合

二・三　（省略）

14　第12項各号（**第4号を除く。**）に掲げる場合に該当することとなつた日から2年を経過する日（…）において，前項の規定により猶予中贈与税額とされた金額に相当する贈与税の納税の猶予に係る期限及び免除については，次の各号に掲げる場合の区分に応じ当該各号に定めるところによる。

一　次に掲げる会社が当該2年を経過する日においてその事業を継続している場合として政令で定める場合　特例再計算贈与税額（…）に相当する贈与税については，第1項の規定にかかわらず，当該2年を経過する日から2月を経過する日（…次号…において**「再申請期限」**という。）をもつて第1項の規定による納税の猶予に係る期限とし，前項の規定により猶予中贈与税額とされた金額から特例再計算贈与税額を控除した残額に相当する贈与税については，免除する。

イ　前項第1号に掲げる場合における同号の譲渡等をした特例対象受贈非上場株式等に係る会社

ロ・ハ　（省略）

二　前号イからハまでに掲げる会社が当該2年を経過する日において同号に規定する政令で定める場合に該当しない場合　前項の規定により猶予中贈

　　与・税額とされた金額（…）に相当する贈与税については，第1項の規定に
　　かかわらず，再申請期限をもつて同項の規定による納税の猶予に係る期限
　　とする。

濱田） そして，「特例経営承継受贈者が次項の規定の適用を受けようとすると
き」の次項が追加免除⑭ということで，白井さんがいわれたのは，これが根拠
なのですね。

2　差額免除⑬の金額の計算

内藤） これらの要件を満たすと，「再計算対象猶予税額…から当該合計額を控
除した残額を免除」することになるのですが，図表8のように，再計算対象猶
予税額というのは，譲渡した特例対象受贈非上場株式等に対応する猶予中贈与
税額のことですね（措令40の8の5㉖）。

村木） 特例対象受贈非上場株式等の全部を譲渡等している場合はそうなります。
差額免除⑬による免除税額は，再計算対象猶予税額＝猶予中贈与税額から12
項のイの金額とロの金額の合計額を差し引いた残りの金額ということで，計算
構造は差額免除⑫と同じです。

白井） ただ，イの金額の中身が異なりますね。
　先ほど確認したとおり，イの金額は「譲渡等の対価の額を特例対象受贈非上
場株式等の当該贈与の時における価額とみなして計算した猶予中贈与税額相当
額」（再計算税額）ですが，対価の額のカッコ書きが適用され，時価（相続税
評価額）の2分の1相当額で計算することになるのです。

岡野） イの金額とロの金額の合計額は，納税猶予が継続され，次の追加免除⑭
を待つことになります。

濱田）「当該合計額」のカッコ書きに「前項第1号に掲げる場合に該当する場合には，当該合計額に猶予中贈与税額から当該再計算対象猶予税額を控除した残額を加算した金額」とあるのですが，「残額を加算」というのはどのような場面を想定しているのでしょうか。

内藤）そうですよね。通常は猶予中贈与税額と再計算対象猶予税額は一致するので，この2つの金額に差はなく，「残額」はないと思うのですが。

村木）全株譲渡のときはおっしゃるとおり残額はありません。しかし，例えば特例対象受贈非上場株式等の一部だけ譲渡した場合は，再計算対象猶予税額は譲渡した株式に対応する猶予中贈与税額になります。この場合の残額は，譲渡しなかった株式に対応する猶予中贈与税額になるのです。

つまり，13項適用後の猶予中贈与税額は，譲渡株式に対応する再計算税額と5年内享受利益額，そして譲渡しなかった株式に対応する猶予中贈与税額の合計額になるのです（**図表12**参照）。

【図表12】13項適用後の猶予中贈与税額

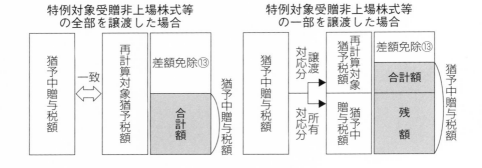

6 追加免除⑭

岡野）話を14項の追加免除⑭に移しましょう。こちらは，既に説明したとおり，13項の差額免除⑬とセットで適用するものです。

　事業継続困難事由による申請免除事由に該当することとなった日から２年を経過する日において，会社が事業を継続しているかどうかにより，追加免除額が決まったり，期限確定になったりすることが規定されています。

白井）２年を経過する日において会社が事業を継続しているかどうかの判定は省略します。しかし，実務では重要ですから，掲載した措置法施行令のほか，関連規定の確認はしてほしいですね（措令40の８の５㉛，措規23の12の２㉚，23の９⑤）。

租税特別措置法施行令

第40条の８の５

31　法第70条の７の５第14項第１号に規定する事業を継続している場合として政令で定める場合は，同号イからハまでに掲げる会社が，同項に規定する２年を経過する日において次に掲げる要件の全てを満たす場合とする。

一　商品の販売その他の業務で財務省令で定めるものを行つていること。

二　法第70条の７の５第12項各号（**第４号を除く。**）に掲げる場合に該当することとなつた時の直前における特例認定贈与承継会社の常時使用従業員（**同条第２項第１号イに規定する常時使用従業員をいう。以下この項において同じ。**）のうちその総数の２分の１に相当する数（その数に１人未満の端数があるときはこれを切り捨てた数とし，当該該当することとなつた時の直前における常時使用従業員の数が１人のときは１人とする。）以上の者が，当該該当することとなつた時から当該２年を経過する日まで引き

続き同条第14項第1号イからハまでに掲げる会社の常時使用従業員であること。

三　前号の常時使用従業員が勤務している事務所，店舗，工場その他これらに類するものを所有し，又は賃借していること。

濱田） 2年後に事業継続の実態があれば14項の1号を，そうでなければ2号を適用するのですね。

村木） 2号は13項により猶予中贈与税額とされた金額に相当する贈与税については，2年経過日の2月後の再申請期限をもって期限確定となり，猶予中贈与税額を納税することになります。

内藤） ここでいう猶予中贈与税額とは，譲渡等した株式に対応する部分のことをいい，所有株式に対応する部分は含まれないですね。条文を読むと，所有株式対応分も期限確定になるのでは，と不安になってしまいました。

岡野） その気持ちはわかります。13項では，「合計額（前項第1号に掲げる場合に該当する場合には，当該合計額に猶予中贈与税額から当該再計算対象猶予税額を控除した残額を加算した金額）を猶予中贈与税額とする」と残額も含めて猶予中贈与税額としていますからね。

ですから，そのような扱いはしないことを，通達で明らかにしています。

租税特別措置法関係通達
（措置法第70条の7の5第13項の規定の適用を受ける場合の納税猶予の期限等）
70の7の5−33
（本文省略）
（注）「措置法第70条の7の5第13項の規定により猶予中贈与税額とされた金額」
とは，措置法第70条の7の5第12項各号（**第4号を除く。**）イ及びロに掲げ

る金額の合計額をいうことに留意する。

白井） 譲渡していない株式について期限確定になるはずはありませんが，条文だけ読むと誤解しやすい表現となっているものもあります。そのようなときは，通達や質疑応答事例を確認したほうがいいですね。

濱田） ただ，法案の段階や通達が出る前だとこの疑問は解決できませんね。その場合は，常識的に考えて判断するしかありませんけど。

岡野） ここでは，通達も，条文の解釈からわかることなので，「留意する」との表現としています。

内藤） 1号は，2年経過日において事業を継続している場合は，「猶予中贈与税額とされた金額から特例再計算贈与税額を控除した残額」を免除するとなっています。これが追加免除⑭ですね。

濱田） ここでも，「猶予中贈与税額とされた金額」とは，譲渡等した特例対象受贈非上場株式等に対応するものとわかりますね。

村木） 特例再計算贈与税額は，譲渡等の対価の額を受贈時の特例対象受贈非上場株式等の価額とみなして計算した猶予中贈与税額に，5年内享受利益額を加算した金額です（措法70の7の5⑮）。
　つまり，差額免除⑬のときは2分の1相当額による再計算をしたのですが，2年後に対価による再計算をし，12項の差額免除⑫と同様，対価の額による再計算による税額は納税してもらうものの，残りの金額は免除されるということになります。

租税特別措置法
第70条の7の5

15　前項第1号の「特例再計算贈与税額」とは，同号の規定の適用に係る譲渡
等の対価の額…に相当する金額を第1項の規定の適用に係る贈与により取得
をした特例対象受贈非上場株式等の当該贈与の時における価額とみなして，
第2項第8号の規定により計算した金額に第12項第1号ロ…に掲げる金額を
加算した金額をいう。

内藤）結局は，対価の額による再計算が認められるのですよね。なぜ，2年後
の事業継続を要件とするのでしょうか。

濱田）対価の額が低すぎるときに何か都合の悪いことがあるのでしょうね。

岡野）ここでは見ていませんが，事業継続困難事由による申請免除の1つであ
る会社の解散の場合の再計算は，相続税評価額により行います（措法70の7
の5⑫四，措規23の12の2㉙，23の9㊱）。
　一方で，解散をしないで株式を贈与した場合は，0円により再計算をするこ
とになり，猶予中贈与税額の全額が免除されることになります。

村木）会社を解散させず放置し，一定期間後に株式の贈与をし，会社清算をし
てもらえば，後継者の税負担はなくなってしまうのですね。

白井）このような極端な行為を防止するとともに，解散の場合の取扱いとのバ
ランスを考慮して，追加免除⑭については2分の1以下要件と2年後の事業継
続の要件を付したのでしょう。

濱田）ここでは，免除申請手続については一切触れていません。しかし，申請
免除は，一定期間内に免除申請書を提出し，税務署長の承認を受けて初めて免
除されるものです。手続規定も必ず確認しておきましょう。

税制改正への対応

《扱う主な条文》

租税特別措置法 70 条の 7 第 2 項・第 3 項・第 5 項，70 条の 7 の 5 第 3 項

租税特別措置法施行令 40 条の 8 第 19 項・第 22 項，40 条の 8 の 5 第 10 項・第 11 項・第 13 項

租税特別措置法施行規則 23 条の 9 第 15 項

円滑化法施行規則 1 条 15 項

租税特別措置法施行令等の一部を改正する政令

租税特別措置法施行規則等の一部を改正する省令

改正法にチャレンジしてみよう

　税制は毎年改正がされます。税制改正大綱に新制度や改正の方向性は示されていますが，実際に改正法案を見ると，それまで見えなかったものが見えてきて，びっくりすることがあります。

　そのような発見をする楽しみを感じられるのも，改正法にチャレンジするからなのです。

内藤）第9章は趣を変え，税制改正への対応を扱います。

村木）税制改正による法律などがe-Gov法令検索^(注)や，民間の法令データベースに掲載されてから改正後の条文に当たるというのでは，対応が後手になることもありますからね。

　（注）https://elaws.e-gov.go.jp/search/elawsSearch/elaws_search/lsg0100/

岡野）平成31年度税制改正においても，「平成31年４月１日以後」の譲渡や贈与などから適用されるものも多くあります。これは，逆にいえば，平成31年３月31日までしか従来制度が使えなくなるということです。

白井）税制改正による法律が施行される前に行動を起こさないと手遅れになることもあるので，早めに情報収集をやっておいて損することはありません。法案段階からどのように条文が改正されるのかを把握できるようになることは，実務での対応力アップにつながりますからね。

濱田）では，税制改正に対して具体的にどのように対応するのかを見ていきましょう。

1 改正法の入手

内藤） そもそも，税制改正法案というのは，どの時期にどこから入手すればいいのでしょうか。

村木） 例年2月上旬，衆議院のホームページ，「立法情報」の「議案」に「所得税法等の一部を改正する法律案」として掲載されます。

濱田） ただ，あくまでも法律案ですから，修正される可能性もありますよね。

白井） はい。ただ，大きく変わることはないでしょうし，修正がされれば「修正案」も掲載されますので，それはそれで対応すればいいのです。

内藤） 財務省のホームページの「毎年度の税制改正」にも，各年の「税制改正に関する法律 政令 省令」が掲載されていますが，こちらを使ってもいいですね。

岡野） 財務省のホームページでは，法律・政令・省令の全ての新旧対照表も掲載されます。

村木） 財務省のデータで残念に思うことは，提供されるデータが，画像のPDFという点です。また，政令・省令の掲載時期がどうしても遅いですね。平成31年度は，政令が5月8日，省令が5月22日，令和2年度は，政令が4月28日，省令が5月25日でした。

濱田） 一番早く政省令のデータが入手できるのはどのような方法ですか。

白井）官報を見ることです。例年3月31日の特別号外に改正法のほか，関係政令・省令が掲載されます。国会の審議具合やその年の曜日の関係がありますので，必ずしも3月31日ということではありませんが，多くの年がそうなっています。平成31年度は3月29日（金）の19時過ぎに，令和2年度は3月31日（火）に公開されました。

岡野）無料で提供される「インターネット版官報」で注意すべき点は，過去30日分しか閲覧できないこと，そして，膨大な量のPDFを1ページずつ閲覧しないといけないことです。

濱田）私は，内藤さんに教えてもらって，官報販売所に申し込み，「官報情報検索サービス」の有料会員になっています。過去の全ての官報を閲覧でき，テキストベースによるデータ取得ができますね。費用はかかりますが，おすすめです。

村木）破産や民事再生などの情報を把握するのにも便利ですしね。また，どのみちお金を出すのであれば，民間が提供している法令のデータベースを利用するのも一法でしょう。

② 改正前の資産保有型会社・資産運用型会社

内藤）平成31年度の改正では，資産保有型会社又は資産運用型会社に該当した場合の期限確定事由が緩和されたのでしたね。

村木）一定の事由により，一時的に資産保有型会社又は資産運用型会社に該当した場合であっても，期限確定とならないこととなりました。

岡野）期限確定事由の改正なので，一般制度では措置法70条の7第3項から5項，特例制度であれば，措置法70条の7の5第3項に改正が入っていると考えるのが普通でしょうが，実際には，措置法70条の7第2項8号と9号に関する改正です。

白井）しかも，本法ではなく，施行令で改正が入っているので，探すのは大変ですね。

濱田）まずは，資産保有型会社又は資産運用型会社に該当した場合の期限確定まわりの規定を確認しましょう。
　一般制度では，措置法70条の7第3項9号で，経営贈与承継期間内に資産保有型会社又は資産運用型会社のうち一定のものに該当すると，期限確定となることが規定されています。経営贈与承継期間後の期間については，同条第5項1号によります。

租税特別措置法
(非上場株式等についての贈与税の納税猶予及び免除)
第70条の7
第3項
　九　当該対象受贈非上場株式等に係る認定贈与承継会社が資産保有型会社又は資産運用型会社のうち政令で定めるものに該当することとなつた場合　その該当することとなつた日
第5項
　一　第3項第6号又は第8号から第12号までに掲げる場合　(以下省略)

内藤)　9号の政令で定めるものに該当することとなった場合というのは,措置法施行令40条の8第24項により,非親族従業員5人以上などの事業実態要件を満たさない場合のことをいうのですね。なお,事業実態要件そのものは改正されていませんので,見ていきません。

村木)　特例制度の期限確定事由は,措置法70条の7の5第3項により一般制度の期限確定事由を準用しています。

租税特別措置法
(非上場株式等についての贈与税の納税猶予及び免除の特例)
第70条の7の5
3　第70条の7第3項(**第2号を除く。**),第4項及び第5項の規定は,第1項の規定による納税の猶予に係る期限の確定について準用する。(以下省略)

岡野)　次に,資産保有型会社と資産運用型会社の定義です。こちらは措置法70条の7第2項8号と9号にあります。まず,資産保有型会社をみてみましょう。

租税特別措置法

第70条の7第2項

八　資産保有型会社　認定贈与承継会社の資産状況を確認する期間として政令で定める期間内のいずれかの日において，次のイ及びハに掲げる金額の合計額に対するロ及びハに掲げる金額の合計額の割合が100分の70以上となる会社をいう。

イ　その日における当該会社の総資産の貸借対照表に計上されている帳簿価額の総額

ロ　その日における当該会社の特定資産（**現金，預貯金その他の資産であつて財務省令で定めるものをいう。次号において同じ。**）の貸借対照表に計上されている帳簿価額の合計額

ハ　その日以前5年以内において，経営承継受贈者及び当該経営承継受贈者と政令で定める特別の関係がある者が当該会社から受けた剰余金の配当等（**会社の株式等に係る剰余金の配当又は利益の配当をいう。以下この条及び次条において同じ。**）の額その他当該会社から受けた金額として政令で定めるものの合計額

　認定贈与承継会社の資産状況を確認する期間，これを「資産状況確認期間」としますが，この期間内のいずれかの日において，次の算式の割合（特定資産割合）が70%以上となるものを資産保有型会社としています（**図表1**参照）。

【図表1】特定資産割合

$$\frac{\text{特定資産の帳簿価額（ロ）＋5年内享受利益額（ハ）}}{\text{総資産の帳簿価額（イ）＋5年内享受利益額（ハ）}}$$

白井）ハの金額は，剰余金の配当額と経営承継受贈者とその者の特別関係者の過大給与の損金不算入額で，これがあれば分母・分子に含めて割合を計算するということになっています。

濱田） 特定資産割合が70%以上となれば，資産保有型会社に該当するとのことですから，特定資産とは何かという点が重要ですね。

岡野） 特定資産は，事業用資産とは認められないものというイメージです。公益認定法人や認定医療法人でいうところの遊休資産だと思えば，わかりやすいでしょう。本制度は事業の承継のためのものであり，資産の承継のためのものではないという制度趣旨を反映しています。

村木） その特定資産とは，「現金，預貯金その他の資産であつて財務省令で定めるもの」と規定していますが，「その他の」となっていますので，「その他の」の前は単なる例示で，重要なのはその後の「財務省令で定めるもの」です。

> **租税特別措置法施行規則**
> **（非上場株式等についての贈与税の納税猶予及び免除）**
> **第23条の９**
> 14　法第70条の７第２項第８号ロに規定する財務省令で定める資産は，円滑化省令第１条第12項第２号イからホまでに掲げるものとする。
> ※平成31年度税制改正により15項になっています。

内藤） で，財務省令を見てみると，円滑化法施行規則に飛ばされるのですね。

> **円滑化法施行規則（平成31年３月29日（平成31年経済産業省令第40号）改正前）**
> **（定義）**
> **第１条第15項第２号**
> 　イ　金融商品取引法第２条第１項に規定する有価証券及び同条第２項の規定により有価証券とみなされる権利（以下「有価証券」という。）であって，当該会社の特別子会社（*資産の帳簿価額の総額に対する有価証券（当該特別子会社の特別子会社の株式又は持分を除く。）及びロからホまでに掲げる資*

産（イにおいて*「特別特定資産」*という。）の帳簿価額の合計額の割合が100分の70以上である会社（*第6条第2項において「資産保有型子会社」*という。）又は当該一の日の属する事業年度の直前の事業年度における総収入金額に占める特別特定資産の運用収入の合計額の割合が100分の75以上である会社（*同項において「資産運用型子会社」*という。）以外の会社に限る。）の株式又は持分以外のもの

ロ　当該会社が現に自ら使用していない不動産（**不動産の一部分につき現に自ら使用していない場合は，当該一部分に限る。**）

ハ　ゴルフ場その他の施設の利用に関する権利（**当該会社の事業の用に供することを目的として有するものを除く。**）

二　絵画，彫刻，工芸品その他の有形の文化的所産である動産，貴金属及び宝石（**当該会社の事業の用に供することを目的として有するものを除く。**）

ホ　現金，預貯金その他これらに類する資産（**次に掲げる者に対する貸付金，未収金その他これらに類する資産を含む。**）

（省略）

　内容的に，まあそうだよね，というものがほとんどですが，その他の例示にも挙がっていた現金や預貯金も特定資産に含められている点には注意が必要ですね。事業の円滑な運営のためにキャッシュリッチにしておくと，資産保有型会社に該当しやすくなってしまいますから。

村木）意識的に現預金を増やさなくても，不可抗力的に現預金が増えることがありますね。例えば，事業所の移転に伴い，従前の土地建物を売却したり，資産購入等のために多額の借入れをしたりするときです。

岡野）資産が被災し，多額の保険金が入ってくることもありますね。

白井）特定資産割合を70%とかなり高めに設定しているのは，そのような場

合の余裕分をある程度想定しているのでしょうね。しかし，資産保有型会社の判定は，先ほど見たとおり，「資産状況確認期間」内の1日で行い，月末や事業年度末で行うものでもありません。

内藤）そうですね。例えば，設備の被災により保険金が入ってきて，設備再取得のための現預金が一時的に増えたという場合でも，瞬間風速的に特定資産割合が70％以上となったときは，資産保有型会社に該当してしまうという問題がありました。

濱田）そこで，今回の改正で手当がされたのですね。

村木）まずは，改正前の資産状況確認期間を確認しましょう。資産状況確認期間の開始日は，贈与の日の属する事業年度の直前の事業年度開始の日です。終了日は，いくつか項が挙げられていますが，いずれも納税猶予に係る期限が確定する日です。

租税特別措置法施行令

（非上場株式等についての贈与税の納税猶予及び免除）

第40条の8

19　法第70条の7第2項第8号に規定する政令で定める期間は，認定贈与承継会社の同条第1項の規定の適用に係る贈与の日の属する事業年度の直前の事業年度の開始の日から当該認定贈与承継会社に係る経営承継受贈者の同条第2項第7号ロに規定する猶予中贈与税額（**以下この条において「猶予中贈与税額」という。**）に相当する贈与税の全部につき法第70条の7第1項，第3項から第5項まで，第11項，第12項又は第14項の規定による納税の猶予に係る期限が確定する日までの期間とする。（以下省略）

③　改正後の資産保有型会社・資産運用型会社

1　資産保有型会社

内藤）この19項にただし書きを加える改正がされたのですね。

> **租税特別措置法施行令等の一部を改正する政令（平成31年政令第102号）**
> 　第40条の8第6項第1号中「特定資産（」の下に「第22項，」を加え，…同条第19項に次のただし書を加える。
> 　　ただし，認定贈与承継会社の事業活動のために必要な資金の借入れを行つたことその他の財務省令で定める事由が生じたことにより当該期間内のいずれかの日において当該認定贈与承継会社に係る特定資産の割合（**同条第2項第8号イ及びハに掲げる金額の合計額に対する同号ロ及びハに掲げる金額の合計額の割合をいう。**）が100分の70以上となつた場合には，当該事由が生じた日から同日以後6月を経過する日までの期間を除くものとする。

岡野）はい。一定の事由が生じて特定資産割合が70％以上となっても，その事由が生じた日から同日後6月を経過する日までの期間は資産状況確認期間から除かれ，その除かれた期間内に特定資産割合が70％未満となれば，資産保有型会社に該当しないこととなるのです（**図表2**参照）。

【図表2】　資産状況確認期間

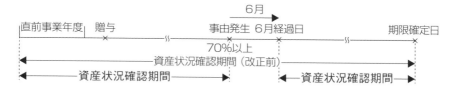

白井）ただし，一定の事由というのが限定されていますので，注意が必要ですね。その事由は，「認定贈与承継会社の事業活動のために必要な資金の借入れを行ったことその他の財務省令で定める事由」となっているので，具体的事由は財務省令で示されることになります（**図表3**参照）。

租税特別措置法施行規則等の一部を改正する省令（平成31年財務省令第14号）

　第23条の9第13項の次に次の一項を加える。

<u>14　施行令第40条の8第19項ただし書に規定する財務省令で定める事由は，事業活動のために必要な資金を調達するための資金の借入れ，その事業の用に供していた資産の譲渡又は当該資産について生じた損害に基因した保険金の取得その他事業活動上生じた偶発的な事由でこれらに類するものとする。</u>

【図表3】資産状況確認期間から除外される事由

① 事業活動のために必要な資金を調達するための資金の借入れ
② 事業の用に供していた資産の譲渡
③ 事業の用に供していた資産について生じた損害に基因した保険金の取得
④ 事業活動上生じた偶発的な事由で①から③の事由に類するもの

2　資産運用型会社

濱田）次は，資産運用型会社についてです。

　認定贈与承継会社の資産の運用状況を確認する期間を「資産運用状況確認期間」とし，この資産運用状況確認期間内のいずれかの事業年度における次の算式の割合（特定資産運用収入割合）が75％以上となると，資産運用型会社に該当することになります（**図表4**参照）。

租税特別措置法

第70条の7第2項

九　資産運用型会社　認定贈与承継会社の資産の運用状況を確認する期間と
して政令で定める期間内のいずれかの事業年度における総収入金額に占め
る特定資産の運用収入の合計額の割合が100分の75以上となる会社をいう。

【図表4】特定資産運用収入割合

$$\frac{特定資産の運用収入の合計額}{総収入金額}$$

岡野）資産運用状況確認期間の開始日は，贈与の日の属する事業年度の直前の
事業年度開始の日，終了日は期限確定日までに終了する事業年度の末日となっ
ています。期間内の1日を基準とする資産保有型会社の判定と違い，事業年度
単位での判定となります。

租税特別措置法施行令（平成31年政令第102号改正前）

第40条の8

22　法第70条の7第2項第9号に規定する政令で定める期間は，認定贈与承継
会社の同条第1項の規定の適用に係る贈与の日の属する事業年度の直前の事
業年度の開始の日から当該認定贈与承継会社に係る経営承継受贈者の猶予中
贈与税額に相当する贈与税の全部につき同項又は同条第3項から第5項まで，
第11項，第12項若しくは第14項の規定による納税の猶予に係る期限が確定す
る日までに終了する事業年度の末日までの期間とする。（以下省略）

村木）資産状況確認期間の場合と同様に，資産運用状況確認期間についても改
正が入っています。

　資産運用型会社の場合，事業年度単位での判定となりますので，規定の仕方
が若干異なっていますが，一定の事由が発生して特定資産運用収入割合が

75％以上となった事業年度開始の日から，その事業年度終了の日の翌日以後6月を経過する日の属する事業年度終了の日までの期間が除かれます。

内藤）わかりやすくいえば，事由発生事業年度とその翌事業年度の2事業年度は資産運用状況確認期間にはならず，この期間内の特定資産運用収入割合が75％以上となっても，期限確定とはならないのですね（**図表5**参照）。

> **租税特別措置法施行令等の一部を改正する政令（平成31年政令第102号）**
>
> 　第40条の8第22項中「までに終了する事業年度の末日」を「の属する事業年度の直前の事業年度終了の日」に改め，同項に次のただし書を加える。
>
> 　　ただし，認定贈与承継会社の事業活動のために必要な資金を調達するために特定資産を譲渡したことその他の財務省令で定める事由が生じたことにより当該期間内に終了するいずれかの事業年度における当該認定贈与承継会社に係る総収入金額に占める特定資産の運用収入の割合が100分の75以上となつた場合には，当該事業年度の開始の日から当該事業年度終了の日の翌日以後6月を経過する日の属する事業年度終了の日までの期間を除くものとする。

【図表5】 資産運用状況確認期間

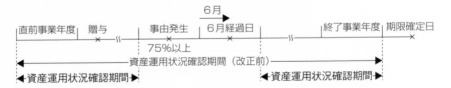

白井）資産運用状況確認期間から除かれるための事由は，「認定贈与承継会社の事業活動のために必要な資金を調達するために特定資産を譲渡したことその他の財務省令で定める事由」とされ，こちらも財務省令で定められているのです。

　しかし，資産保有型会社と違い，事由は特定資産の譲渡と事業活動上生じた

偶発的な事由で特定資産の譲渡に類するものの２つだけです。

> **租税特別措置法施行規則等の一部を改正する省令（平成31年財務省令第14号）**
> 第23条の９…同条第14項を同条第15項とし，同項の次に次の一項を加える。
> <u>16　施行令第40条の８第22項ただし書に規定する財務省令で定める事由は，事業活動のために必要な資金を調達するための法第70条の７第２項第８号ロに規定する特定資産（…）の譲渡その他事業活動上生じた偶発的な事由でこれに類するものとする。</u>

濱田）ところで，ただし書を加える改正の前の「までに終了する事業年度の末日」を「の属する事業年度の直前の事業年度終了の日」に改める改正というのは，どのような意味があるのでしょうか。用語は違うものの，資産運用状況確認期間の最終日という同じ日になると思うのですが。

村木）確かにそのとおりです。ただ，これは推測なのですが，改正前は「まで」が２つあり，期間の終了日がわかりにくかったので，それを明確化するために表現を見直したのだと思います。ですから，実質的な改正はされていないといえるでしょう。

改正前	改正後
22　法第70条の７第２項第９号に規定する政令で定める期間は，認定贈与承継会社の…贈与の日の属する事業年度の直前の事業年度の開始の日から…納税の猶予に係る期限が確定する日<u>までに終了する事業年度の末日</u>までの期間とする。	22　法第70条の７第２項第９号に規定する政令で定める期間は，認定贈与承継会社の…贈与の日の属する事業年度の直前の事業年度の開始の日から…納税の猶予に係る期限が確定する<u>日の属する事業年度の直前の事業年度終了の日</u>までの期間とする。

岡野）以上，見てきたのは一般制度になりますが，一般制度を準用する特例制度においても，一般制度と同様の改正がされています。ここでは，条文だけ示しておきます。

租税特別措置法
第70条の７の５

2　この条において，次の各号に掲げる用語の意義は，当該各号に定めるところによる。

（省略）

三　資産保有型会社　第70条の７第２項第８号に定める会社をいう。

四　資産運用型会社　第70条の７第２項第９号に定める会社をいう。

租税特別措置法施行令
（非上場株式等についての贈与税の納税猶予及び免除の特例）
第40条の８の５

10　法第70条の７の５第１項の規定の適用がある場合における法第70条の７第２項第８号及び第９号の規定の適用については，同項第８号中「認定贈与承継会社」とあるのは「第70条の７の５第２項第１号に規定する特例認定贈与承継会社（次号において「特例認定贈与承継会社」という。）」と，「，経営承継受贈者」とあるのは「，第70条の７の５第２項第６号に規定する特例経営承継受贈者」と，「経営承継受贈者と」とあるのは「特例経営承継受贈者と」と，同項第９号中「認定贈与承継会社」とあるのは「特例認定贈与承継会社」とする。

11　前項の規定により読み替えて適用する法第70条の７第２項第８号に規定する政令で定める期間は，特例認定贈与承継会社の法第70条の７の５第１項の規定の適用に係る贈与の日の属する事業年度の直前の事業年度の開始の日から当該特例認定贈与承継会社に係る特例経営承継受贈者の同条第２項第９号ロに規定する猶予中贈与税額（以下この条において「猶予中贈与税額」とい

う。）に相当する贈与税の全部につき法第70条の7の5第1項，同条第3項
において準用する法第70条の7第3項から第5項まで，法第70条の7の5第
8項において準用する法第70条の7第11項，法第70条の7の5第9項におい
て準用する法第70条の7第12項又は法第70条の7の5第10項において準用す
る法第70条の7第14項の規定による納税の猶予に係る期限が確定する日まで
の期間とする。

（省略）

13　第10項の規定により読み替えて適用する法第70条の7第2項第9号に規定
する政令で定める期間は，特例認定贈与承継会社の法第70条の7の5第1項
の規定の適用に係る贈与の日の属する事業年度の直前の事業年度の開始の日
から当該特例認定贈与承継会社に係る特例経営承継受贈者の猶予中贈与税額
に相当する贈与税の全部につき同項，同条第3項において準用する法第70条
の7第3項から第5項まで，法第70条の7の5第8項において準用する法第
70条の7第11項，法第70条の7の5第9項において準用する法第70条の7第
12項又は法第70条の7の5第10項において準用する法第70条の7第14項の規
定による納税の猶予に係る期限が確定する日までに終了する事業年度の末日
までの期間とする。

租税特別措置法施行令等の一部を改正する政令（平成31年政令第102号）

第40条の8の5第11項に後段として次のように加える。
　　この場合においては，第40条の8第19項ただし書の規定を準用する。
　第40条の8の5第13項中「までに終了する事業年度の末日」を「の属する事
業年度の直前の事業年度終了の日」に改め，同項に後段として次のように加え
る。
　　この場合においては，第40条の8第22項ただし書の規定を準用する。

3　本改正の趣旨

内藤）この資産保有型会社と資産運用型会社の改正は，どのような会社を念頭に置いたものなのでしょうか。

　言い換えれば，資産保有型会社又は資産運用型会社に該当したとしても，事業実態要件を満たせば期限確定にならないのですから，事業実態要件を満たす会社は，今回の改正は関係しないですよね。

白井）**図表6**をご覧ください。これは事業実態要件，特定資産割合・特定資産運用収入割合と期限確定との関係を示した図です。

【図表6】資産保有型会社・資産運用型会社と期限確定との関係

		特定資産（特定資産運用収入）割合	
		70(75)%未満	70(75)%以上
事業実態要件	満たす	A	B
	満たさない	C	D 期限確定

資産保有型会社・資産運用型会社

　A又はCに属する会社は，資産保有型会社又は資産運用型会社ではありません。B又はDに属する会社は，資産保有型会社又は資産運用型会社に該当します。しかし，事業実態要件を満たすBに属する会社は，資産保有型会社又は資産運用型会社に該当したことを事由に期限確定となることはありません。

岡野）Cに属していた会社がDに属することとなった場合には，本来は期限確

定となるのですが，一定の事由による場合に，この改正が関係することになるのです。

村木）一方で，もともとから資産保有型会社又は資産運用型会社だった場合について，一定の事由が発生したことにより事業実態要件を満たさなくなった，つまりBに属していた会社がDに属することとなったとしても救済規定がありませんから，一定事由が発生したら必ず救済されるとのお考えは誤りです。

濱田）会社規模が小さく，従業員も少ないため事業実態要件を満たせていない会社を救済するのが，この改正の趣旨と考えてよさそうですね。

「むずかしい税法条文」攻略本―法人版事業承継税制編

2020年9月10日　第1版第1刷発行

著　者　内　藤　忠　大馬
　　　　白　井　一　吾
　　　　村　木　慎　宏
　　　　濱　田　康　訓
　　　　岡　野　　　継

発行者　山　本　　　継

発行所　㈱中　央　経　済　社

発売元　㈱中央経済グループ
　　　　パブリッシング

〒101-0051　東京都千代田区神田神保町1-31-2
電話　03 (3293) 3371 (編集代表)
　　　03 (3293) 3381 (営業代表)
http://www.chuokeizai.co.jp/
印刷／文唱堂印刷㈱
製本／㈲井上製本所

©2020
Printed in Japan

＊頁の「欠落」や「順序違い」などがありましたらお取り替えいた
しますので発売元までご送付ください。（送料小社負担）
ISBN978-4-502-35141-9　C3034